苍炎 3 究竟篇

［日］羽生 结弦 著

虞雪健 译

Hanyu Yuzuru

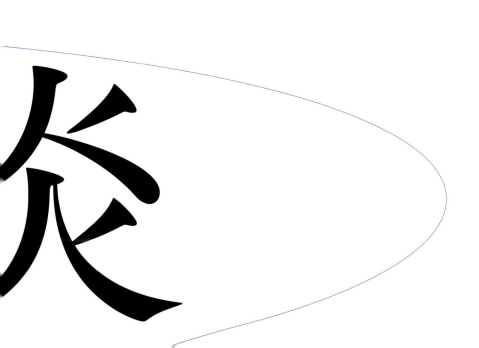

Beijing United Publishing Co.,Ltd.

北京联合出版公司

图书在版编目（CIP）数据

苍炎 .3, 究竟篇 /（日）羽生结弦著 ; 虞雪健译 .
北京 : 北京联合出版公司 , 2025.7. -- ISBN 978-7
-5596-8310-6

Ⅰ . K831.354.7

中国国家版本馆 CIP 数据核字第 2025E5D840 号

北京市版权局著作权合同登记 图字：01-2025-1431 号

AOI HONOO III – KUKYOU HEN – by Yuzuru Hanyu

Copyright © 2023 Yuzuru Hanyu

All rights reserved.

Original Japanese edition published by FUSOSHA Publishing, Inc., Tokyo.

This Simplified Chinese language edition is published by arrangement with FUSOSHA

Publishing, Inc., Tokyo in care of Tuttle-Mori Agency, Inc., Tokyo.

苍炎 .3, 究竟篇

作　　者：（日）羽生结弦
译　　者：虞雪健
出 品 人：赵红仕
责任编辑：龚　将

北京联合出版公司出版
（北京市西城区德外大街 83 号楼 9 层　100088）
雅迪云印（天津）科技有限公司印刷　新华书店经销
字数 188 千字　700 毫米 ×980 毫米　1/16　印张 14.25
2025 年 7 月第 1 版　2025 年 7 月第 1 次印刷
ISBN 978-7-5596-8310-6
定价：75.00 元

四大洲锦标赛
实现超级大满贯

私の夢が1つ.
皆さんの応援の力で叶いました。
そしてまた, 夢と共に闘っていきます。
理想のフィギュアスケートへ。
理想の自分へ。

羽生結弦

2023

在大家的支持下，我实现了一个梦想。

接下来，我会继续追逐梦想，朝着理想的花样滑冰，朝着理想的自我迈进。

羽生结弦

2018 年 8 月
在多伦多的公开练习
（以下 3 张）

Contents 目录

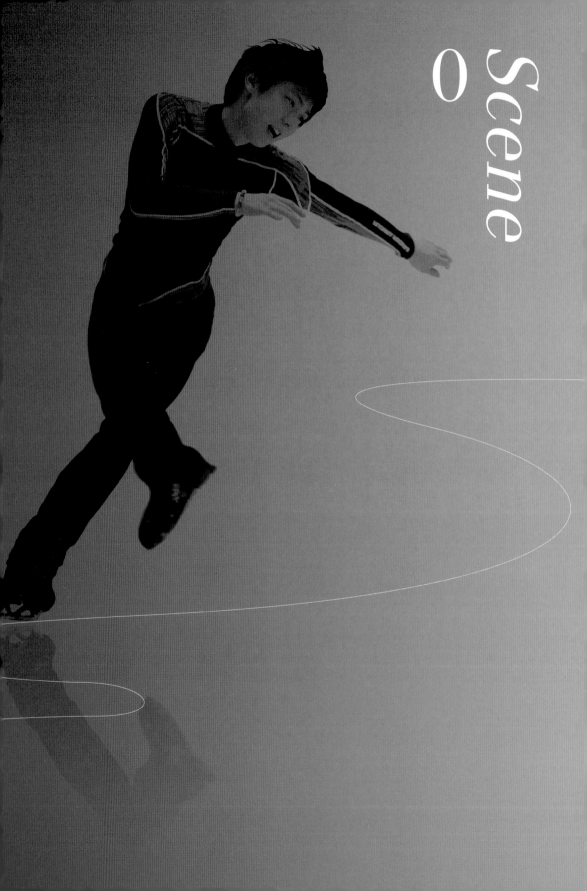

Scene 0

2014 年，索契冬奥会上夺冠后，羽生结弦深感作为奥运冠军所肩负的重任，并将此作为动力不断寻求突破。随后的一年里，尽管在大奖赛系列赛中国站上，羽生遭遇了严重的碰撞事故，给他的赛季带来了巨大挑战，但他仍在下一赛季的 2015 年大奖赛系列赛上连续创造历史上首次超过 300 分的成绩，将男子花样滑冰推向了新的高度。

此后，羽生不仅追求技术上的提升，还深化了对自身表现的探索，致力于打造属于"羽生结弦的花样滑冰"。这一阶段的发展可谓跌宕起伏，充满戏剧性。

在挑战高难度动作的过程中，羽生结弦经历了严峻的伤病考验。这一切发生在他竞技生涯的关键时刻——他有望在平昌冬奥会上成为花样滑冰历史上第四位实现奥运连冠的运动员。

在这样巨大的压力面前，羽生保持冷静，凭借顽强的斗志克服困难，最终实现了奥运连冠。他的精神力量、迎难而上的勇气和不屈不挠的品质，堪称所有运动员的典范，展现了顶尖运动员的非凡魅力。

奥运会后，在享受荣誉的同时，羽生也迈入了滑冰生涯的新阶段，朝着心目中理想的花样滑冰不断探索。然而，这一路并非坦途，他不仅再次遭遇严重伤病，还要面对迅速崛起的后起之秀。在这个过程中，他难免会感到困惑、迷茫和焦虑。

但羽生始终秉持挑战精神，一步步寻求突破，努力塑造自己心目中理想的羽生结弦。

距离上一本书出版已经过了六年半。在 2015—2016 年赛季连续刷新世界纪录后，羽生在 2016 年夏天曾感慨：

> "现在或许是最让人兴奋的时刻了，感觉就像是重现了我向往的盐湖城时代，男单正处在一个让人热血沸腾的阶段。在平昌冬奥会到来之前，我非常期待自己还能有什么样的成长，想想就让人充满干劲儿！"

如今让我们回到 2016 年那个夏天，跟随羽生结弦一路走来的脚步，见证他的成长和蜕变吧！

Scene

1

寻 求 突 破

2 0 1 6 年

休 赛 季

2016 年 3 月底的波士顿世锦赛，羽生结弦左脚带伤出战。这场战役让他付出了沉重的代价。赛后检查显示"左脚跖跗关节韧带损伤"，需要两个月的时间才能完全康复。

最初的一个月里，羽生只能静养，日常生活中连走路都受到严格限制。一个月后，他进入了为期一个月的康复训练阶段。谈及那段时期，羽生回忆道：

> "在此之前，我一直努力克制住'无法滑冰'的失落感，试图从其他角度来思考滑冰。因此，一开始进行康复训练时就满心迫切，恨不得'立刻上冰'。那段日子可能是最煎熬的时期吧。"

> "就连地震导致冰场关闭的时候，我也在大家的帮助下坚持着训练。这还是头一回经历这么长时间的休整。不过，我并不认为这两个月毫无意义。在平衡滑冰和学业的过程中，难免会有所倾

向。从这个角度来说，能够专注于学习和研究，反而更有助于滑冰训练。这段日子，我得以静下心来思考很多问题：今后该以怎样的心态滑冰，如何兼顾学业和滑冰，如何看待自己和滑冰的关系……这段日子过得也很有意义。"

上赛季大奖赛连创世界纪录后，周围的气氛变了。羽生感到自己仿佛有些脱节，同时也承受着新的压力。因此，休养期对他来说格外重要，是摆脱压力的关键时刻。

不过，恢复训练后，疼痛依然存在。一开始，羽生只能尝试后外结环跳和勾手跳等对左脚负担较小的跳跃。直到 8 月下旬，他才被允许每天尝试一次对左脚冲击较大的后外点冰四周跳。

尽管新赛季的备战较晚，但在 9 月 13 日的多伦多公开练习中，羽生展示了他的跳跃组合。无论在短节目还是自由滑中，羽生都加入了富有挑战性的后外结环四周跳。这一大胆的选择引发了外界对他是否过于冒进的质疑。

上个赛季，中国选手金博洋在短节目里完成了勾手四周跳加后外点冰三周跳，在自由滑中成功完成了勾手跳、后内结环跳和两次后外点冰跳的构成。此外，在 4 月的洲际团体挑战杯上，宇野昌磨成功落冰了世界首个后内点冰四周跳。这些都给了羽生很大的刺激。

羽生在 2015 年世界团体锦标赛的表演滑终场中完成后外结环四周跳，并在此后持续练习这一跳跃动作。因为休赛季一开始就尝试，完成度也在提高，所以他才下定决心要在自由滑里挑战四个四周跳。

"运动员总是在透支身体，所以多少都会有些伤痛，但必须在权衡受伤风险的同时去挑战极限。我休息的时候也在思考这个平衡，还有上赛季提高难度后发现的不足和遇到的问题……可能是训练过度了，或者训练方式有待改进，受伤也让我学到了新的思考方式。"

公开练习时展示的新节目中，羽生的短节目选用了普林斯的歌曲 *Let's Go Crazy*。

"这是一首节奏明快、速度感很强的曲子。我希望观众既能像看表演滑那样去享受，也能体会到这个竞技节目的难度和内容的丰富。从大一字进入，到大一字退出，在步法上加入跳跃，跳跃之后马上接步法，这是我从小到大的目标和理想，在某种意义上，也可以说是我的一大杀器。我希望能够坚持追求这个理想，并努力实现它。"

这套节目注入了羽生的个人坚持。尤其是步法部分，展现了前所未有的速度感和锐利感。看他练这一段的时候，甚至有种被锋利的刀刃指着的感觉。当把这种感受告诉羽生时，他先是说了声"谢谢"，然后接着说：

"在表演《第一叙事曲》时，步法非常快，刃倾角度也很难掌控。但这一次，真的有一种'哇……'的一下子被塞满的感觉。虽然有很多非必要的步法动作，但我还是想把它们作为步法的一部分展现出来。不是单纯的'从这儿到那儿是步法'，而是要做到让人觉得'哇！这就是编舞啊'的程度……在迄今为止尝试的步法中，这一次我感到了前所未有的投入，真正地享受了整个过程。"

自由滑选用了久石让作曲的 *View of Silence* 和 *Asian Dream Song*，羽生将这套节目命名为 *Hope & Legacy*。

"虽然这些曲子都是钢琴演奏的古典乐，但由于出自日本人之手，内中自然流淌着一股和风的气息。曲子本身让人感受到自然的壮阔，但也有一个难点，就是没有非常明确的主题。我希望能自然地表现出风、树木、水等大自然的元素。从这个角度看，它和去年的表演滑《天地安魂曲》有相通之处。我打算将过去一年中积累的技巧，比如，演绎《第一叙事曲》时对音乐的理解，以及在 *SEIMEI* 中学到的表现手法等全部融会贯通后，进一步提高自己的水平。"

短节目选用了经典的摇滚乐曲风，自由滑则让人联想到大自然的壮美和时
光的缓缓流逝。羽生边听曲子边进行意象训练，从短节目的音乐切换到自
由滑时，也会情不自禁地发出"哇"的感叹，脸上泛起微笑。他希望通过
演绎两套风格截然不同的节目，进一步拓展自己的表现力。至于为什么要
选择一套几乎堪比表演滑、充满感情色彩的自由滑节目，羽生解释道：

> "我天生更擅长那种积蓄到一定程度后迸发情感的曲子。在上个赛
> 季的 SEIMEI、《第一叙事曲》和《天地安魂曲》中，每套节目都
> 有不同的风格和意境，我都仔细思考了该如何诠释。在 SEIMEI
> 中，尝试化身为节目中的角色；在《第一叙事曲》中，致力于忠
> 实地表现钢琴的旋律、乐谱和音符；《天地安魂曲》则是对风景、
> 情境和情感的表达。所有这些都引发了我的思考，我认真研究什
> 么样的表现手法能更好地传递我想要呈现的内容。这次的自由滑
> 可以说是以上所有尝试的集大成之作。

> "这套节目，我想要的不是从曲子入手，而是先确立主题。在思考
> 什么主题最合适时，突然有了灵感：如果把去年的短节目、自由
> 滑和表演滑糅合在一起，一定能滑得很畅快。希望这套节目能达
> 到这样的程度。"

考虑到下赛季就是平昌冬奥会了，能参加的比赛非常有限，这使得羽生
更加渴望在新的挑战中发现问题并从中学习。他希望能在不断的突破中
迎接个人的第二次奥运之旅。而新节目的选择，充分表达了羽生个人的
强烈愿望。

这段时期，羽生对很多问题有了更深入的思考。回想起不得不专心治疗的
那段日子，羽生说：

> "我并没有把它看作逆境。恰恰是因为暂时离开了滑冰，才有机会
> 进行更多的思考。那时候，我思考了很多理论，因为没有上冰，

甚至一度觉得'现在不管什么跳跃都能轻松跳出来吧'（笑）。等到重新开始滑冰时，我感到有些沮丧，发现'原来有这么多做不到的事'，当然，另一方面也惊喜地发现'我居然还能做到这么多'。虽然这个过程谈不上是喜忧参半，但回想起来，那是一段很充实的休养期。确实，那段时间真的很煎熬，但最后能恢复到重新构思出这样的节目的状态，这收获太宝贵了。"

在休养期间，羽生在观看洲际赛时得到启发，还通过观摩其他选手的跳跃，领悟到"原来是这么跳的""这个选手在这方面做得真好，下次我也要学习"等，从中学到了不少技巧。此外，在不得不压抑自己感情的同时，他也思考了如何在滑冰和生活中调整状态，如何放松心情、平复内心。

"以前我只知道日常状态是什么样的，上冰时又是什么感觉，从没想过两者之间该怎么过渡。如果生活完全被滑冰绑架，就很容易疲惫，所以我开始探索如何更好地平衡工作与休息。在这个过程中，我放弃了很多东西。以前觉得必须做的事情，现在如果发现没那个必要，就会毫不犹豫地砍掉。这段时期很宝贵，它让我想清楚了什么才是最重要的。"

将连创世界纪录的荣光抛在身后，羽生渴望再次迎接全新的挑战。这份渴望体现在他本赛季两套节目的选择中。

他迫切地想进一步拓展自己表演的广度和深度，探索更多的可能性。这也是他为了在 2018 年平昌冬奥会上成功卫冕所做的、羽生结弦式的大胆冒险。

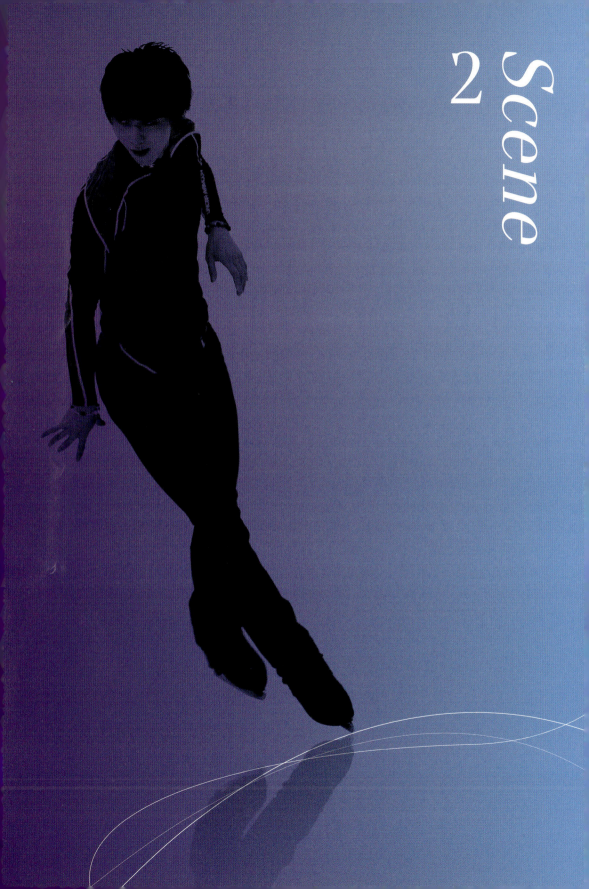

Scene

2

后外结环四周跳首次成功

2016—2017 年

赛季前半段

2016—2017 年赛季首站的秋季经典赛中，羽生结弦在短节目中完成了国际滑联公认的正式比赛中首个成功的后外结环四周跳。在稳定落冰之后，紧接着的后内结环四周跳跳空变成了一周跳，并在接下来的后外点冰三周跳中摔倒，最终以 88.30 分收场。羽生冷静地总结道：

"虽然史上首次后外结环四周跳值得成为新闻头条，但我并不在乎这个跳跃是否开创历史。事实上，直到今天早上，我都没有意识到这是'首次'。别人都已经完成了勾手四周跳，所以难度更低的后外结环四周跳即使拿到这个'首次'，我也高兴不起来。

"抛开新节目的因素不谈，最让我懊恼的是没能完美地呈现整套节目。我觉得那个失误的后内结环跳本可以做得更细致，而且后外结环跳本身还有进步的空间。我的目标是 GOE（执行分）+ 3（当时规则下 GOE 的最高分）的后外结环跳，以及几乎能够获得所有 GOE 加分的表现。或许正是因为对完成的后外结环四周跳和三周半跳（阿克塞尔三周跳）没有真正感到满足，所以才并不因此感到快乐吧。"

次日的自由滑，羽生精准地完成了开场的后外结环四周跳和紧接着的后内结环四周跳。之后的联合旋转和接续步也在安静的旋律中行云流水地完成，展现了让观众能够感受到"原来他想要在这首曲子中展现这些"的滑行。尤其接在舞步之后的后内点冰三周跳，几乎和舞步融为一体。

然而，包含之后的联跳在内的两个四周跳和三周半跳连连出现失误，包括最后的勾手三周跳在内，一共摔了两次。虽然以 260.57 分的总成绩获得冠军，但结束时明显力不从心。

即便如此，羽生依然露出了轻松的表情。

"这一次，我专注于一步步打磨步法和旋转的定级。我非常喜欢 *Hope & Legacy* 这首曲子。尽管在表演滑之外，我很难全身心投入演绎，但这次从音乐的前半段开始，我就努力跟随旋律的节奏，沉浸其中，享受每一个滑行的瞬间。

"如大家所见，我确实感觉相当疲惫。这次无论在短节目还是自由滑中，我都非常注重步法，觉得自己把感情完全融入步法里了。同时我也对每一次的表现、身体语言及上半身的动作和流畅性做到了精确控制。尽管如此，在呼吸技巧上似乎还有提升空间。有时会专注于跳跃动作的练习，但我清楚地意识到，无论步法还是旋转，都需要更多的练习，以达到更高的水平。"

发现问题、正视问题，这一直是羽生的习惯。面对四周跳数量增加到四个而带来的挑战，他甚至显得跃跃欲试。他还饶有兴致地提到了同期在日本举行的日本公开赛上，宇野昌磨和西班牙选手哈维尔·费尔南德兹的成绩。

"四个四周跳确实很累人，不过虽然辛苦，但滑起来却充满乐趣，让人热血沸腾。在日本公开赛上，昌磨得了 198.00 分，哈维尔的表现也非常精彩。与之相比，我对自己的表现感到有些失望。但这份惭愧之情并不等同于'挫败感'……表面上是负面的，内心却并未将其视为负面的……就像我现在无法抑制住微笑，急切地想要回到练习中，渴望在下一场比赛中实现质的飞跃，而不仅仅是小步前进。我得滑出让大家惊叹'这才是我们期待的羽生结弦'的节目。我会怀着愉悦的心情投入练习。"

在连续刷新世界纪录的上个赛季，羽生的表情强烈地透露出对新挑战充满期待。

然而，满怀斗志参加加拿大站的羽生，成绩却与其心情背道而驰。在短节目中，前半段的后外结环四周跳被降级，且原计划联跳中的后内结环四周跳只完成了三周，最终以 79.65 分排名第四。赛后他反思道："可能是 6 分钟练习太顺利了，反而在比赛中紧张得失误连连。"

在立誓雪耻的自由滑中，羽生结弦在起始的后外结环四周跳时不幸摔倒。尽管随后通过后内结环四周跳稳定了局面，但在后半段尝试的后内结环四周跳加后外点冰三周跳却变成两周跳加三周跳的组合，再次失误。即便如此，其他环节的出色表现依旧使他在自由滑中以 183.41 分名列第一。总分以 3.89 分之差位居加拿大选手陈伟群之后，获得第二名。

在秋季经典赛中，主要的失误出现在后半段以后内结环跳起跳的联跳上，其他几个跳跃发挥得都不错。采访时羽生遗憾地表示："虽然也有克服困难的成就感，但遗憾和不甘心占了 90%。"

第二天接受群访时，羽生谈到自己的武器——跳跃前后的衔接与音乐节奏的契合，在讨论四个四周跳的构成时露出笑容，"似乎看到了一点曙光"。

"对我来说，大奖赛第一站就能看到希望，是非常宝贵的经历。去年这场比赛，短节目有两个跳跃被判无效，自由滑后半段的四周跳落冰时手触冰。相比之下，这次后半段明显更稳定了……我觉得自己的每一次跳跃都很细腻，也成功地将情感与曲目融为一体。

从这个角度来看，这次比赛确实是个'顺利的开始'。"

此外，在诠释 *Let's Go Crazy* 这一曲目时，羽生在研究歌词的过程中也有所感悟。

"在查阅普林斯的资料时，有句话让我印象深刻：'失败能让你看清通往成功之路。'如果只看去年（刷新世界纪录）的 NHK 杯和大奖赛总决赛的表现，大家可能会觉得我滑得非常完美。但一直关注我的人都知道，我很少能做到完全零失误。从这个意义上说，我一直在挑战中前行，即便跌倒也会积极寻找变得更强大的方法。因为我始终相信没有什么是'极限'，所以普林斯的这句话让我很有共鸣。"

在积极传递正能量的同时，这次比赛羽生还尝试了一套不同风格的节目，让内心的热情略作休整，静心感受自己的内心世界。这就是他的新表演滑 *Notte Stellata*（《星降之夜》）。3 月的世锦赛结束后，塔提亚娜·塔拉索娃找到羽生，希望他能表演这首由意大利歌手组合 IL Volo 演唱的曲子 *Notte Stellata*（The Swan）。

"在东日本大地震的赛季，我滑了柴可夫斯基的《天鹅湖》，那个节目也成为我坚持滑冰的一个转折点。这次的曲目与《天鹅湖》主题相呼应，深深地触动了我，唤起了我内心深处的情感。

"第一次听到这首曲子时，那种雄伟大气中夹杂着的细腻柔和，给人一种非常圆满的感觉。我觉得自己应该能融入其中，但也希望通过演绎，让大家看到那次灾难后我的成长，哪怕只是一点点。当年我选了黑色的服装，营造出一种较为阴郁的氛围，试图表达出'即将展翅高飞'的决心。那套节目是在拾起过往，拾取记忆。这一次，我希望将这些经历温柔地包裹起来，展现出坚定向前的形象。

"节目中最后的大幅度阿克塞尔跳，虽然只是被称为延迟阿克塞尔的一周跳，但我在平时一直有在练习。编舞师大卫·威尔逊对此给予了高度的评价，并鼓励我'一定要试试'。这套节目里的每个元素都环环相扣，跳跃不只是展示技术，更成为表达乐曲内涵的一部分。"

这套节目和上赛季编排的《天地安魂曲》一起，成为羽生结弦的两套标志性表演滑。

在连续几场不太满意的表现后，羽生在大奖赛第二站 NHK 杯（札幌）上，终于开始找到新节目的感觉。

在短节目中，后外结环四周跳的步法滑出，略有跟跄，但落冰后流畅地衔接到大一字，之后的几个衔接动作也凭借完美的滑行技术获得高分，最终得到 103.89 分。

在自由滑中，后半段的后内结环四周跳摔倒，而在随后的三个跳组成的联跳中，最后一个后内结环跳出现失误，仅完成了两周跳。尽管如此，得益于前半段包括后外结环四周跳在内的两个稳定的四周跳，最终获得 197.58 分。这次比赛，羽生以总分 301.47 分获得第一名，时隔许久总分再次超过 300 分，与美国选手陈巍一同晋级总决赛。

"去年获得的超 300 分有 320 分（322.40，NHK 杯）和 330 分（330.43，大奖赛总决赛），与这些成绩相比，301 分虽然略低，但这终究是在短节目和自由滑都有失误的情况下实现的超 300 分。更重要的是，在滑冰过程中，我感受到了极大的乐趣。去年的超 300 分成绩让我非常欣喜，但这次更多的是一种'松了口气'的感觉。当然，内心也有追求完美的执念。比如，既然短节目破百，总分就该上 300 分……总之，五味杂陈，所以超 300 分出来那刻，有种如释重负的感觉。"

冷静反思，自由滑其实还有很多不足。

"表现力不够，滑行、步法、跳跃都有欠缺。设计这套节目时，从选曲到编排都在考虑整体效果。所以我希望能更深入地诠释它，能滑到让人感受到我的呼吸节奏的程度。"

因此，这次突破 300 分，让羽生感觉"终于打下了一个基础"。

"在加拿大站时，我觉得基础全面崩塌了。虽然上一场比赛中也完成了后外结环四周跳，但这次感觉完全不同。也许是在日本比赛的缘故吧，我更能感受到观众的情绪，表现欲也变得更强。从这个角度来看，不光是这个赛季，放眼整个滑冰生涯，我觉得自己都有了一些成长。"

在这次比赛中，羽生时不时会提到"与观众联结"这个主题。特别是短节目 Let's Go Crazy 中，融入了和大家一起狂欢的舞蹈动作，更像是一种与大家共同表演的尝试。虽然一开始后外结环四周跳的步法有些许瑕疵，但紧接着的滑行和表演完美传达了这一理念。

"跟上赛季不一样，这个节目节奏超级快，不光考验滑行技巧，更是对表现力的挑战。我觉得在这方面还有很大的进步空间。可能正是骨子里的那股冲劲儿，成了我的一大武器。所以，我想继续打磨这种特质和气势，让它成为表演的最大优势。"

相比活力十足的短节目，自由滑更像是一个描绘大自然之美的静谧乐章。通过演绎这两个风格迥异的节目，"尽管观众在一场比赛中可能无法同时欣赏到两种风格，但裁判能看到我的多面性。我希望通过自己的滑冰，给人一种'简直判若两人'的强烈反差感"。羽生表露出了自己的雄心壮志。

"我觉得这次比赛得分超过 300 分固然让人开心，但更重要的是，终于能够真正享受这两套节目本身，并且和观众建立了更紧密的联系。这个赛季，我想方设法地在训练中吸引观众的目光。不过蟋蟀俱乐部没有观众席，这就给实践带来了不小的挑战。跟观众互动这方面，以前确实没怎么考虑过，对我来说算是个不小的挑战。能在日本的赛场上做到这一点，感觉真的太棒了。"

回想起之前在加拿大站的状态，"悔恨占了九成，成就感只占了一成"。但这一次——"四成遗憾，四成松了口气，还有两成是快乐。"羽生笑着说。

"毕竟表现还达不到我心目中的完美，还有很多地方需要改进。况且无论处于什么状态，低落还是紧张，我都希望能够赢得比赛，与观众建立深刻的联系，并享受滑冰带来的快乐。这是接下来训练的目标。"

对于即将到来的大奖赛总决赛，羽生充满了憧憬。

在法国马赛举行的大奖赛总决赛中，羽生以第三名的成绩晋级，落后于在俄罗斯站和次周的法国站上夺冠的哈维尔·费尔南德兹，以及在加拿大站和中国站上夺冠的陈伟群。这次的大赛关系到是否能实现男女选手史上首次四连冠。他的目标是进一步完善在 NHK 杯上已经显现出巨大潜力的两套节目。

在比赛前一天的公开练习中，尽管跳跃状态略有起伏，但到了 12 月 8 日短节目比赛当天，羽生已经做出了明显的调整。上午的公开练习中，合乐时的所有跳跃都表现得无懈可击，蹲踞旋转后展示的步法也是情绪饱满的完美滑行。然而，在比赛前的 6 分钟练习中，他遇到了一些困难。后外结环四周跳连续尝试四次都未能成功，直到最后一刻才终于稳定发挥。

正式比赛中，羽生的第一个后外结环四周跳因为一种"在练习中从未遇到过的"、突然顿住的落冰方式而被扣除 1.03 分。但从中段开始，他重新找回了状态，将饱含感情的滑行完美地呈现了出来。

"紧张得不得了，好久没有手脚发抖成这样了。第一个后外结环跳真的跳得巨难看，但我觉得和 NHK 杯时相比还是有点进步的，这多少让我放松了一些。要是那一跳特别完美的话，搞不好我会因为'必须保持零失误'的压力更紧张，所以那个跳跃反倒在某种程度上帮我卸下了压力。从那之后，伴随着欢快的节奏和歌词……整个会场的气氛一下子被点燃。我真切地感受到，这套节目是在观众的欢呼和掌声中一起完成的。"

在 6 分钟练习中，羽生经历了久违的状态不佳，心里也觉得"不妙"。罪魁祸首就是紧张。他在等待上场的间隙分析了一下紧张的来源。

"大奖赛总决赛本身就存在一定的压力。再加上今天上午的公开练习特别顺利，可能也是原因之一吧。昨天糟透了，但今天上午的练习出乎意料地好。我觉得这些因素可能都加剧了紧张情绪。"

谈到短节目 Let's Go Crazy 时，羽生表示，这让他有种在多伦多蟋蟀俱乐部滑冰时的感觉，就像"站在音乐会或演唱会的舞台上，化身为一位摇滚明星"一样。

从这个角度来说，这是一个"没有观众就无法呈现的节目"。在与观众的互动以及距离感方面，羽生在 NHK 杯上的表现让他自己也感到满意，有种突破自我的感觉。

正因为如此，在节目的最后，羽生加入了一些激发观众情绪的动作，他笑着说"那些都是即兴发挥"，还说"这让我能够更加享受地完成表演"。尽管后外结环四周跳出现了失误，但其他两个跳跃获得了高分，旋转和步法也都达到了 4 级。羽生以 106.53 分的成绩领先第二名的陈伟群 6.77 分，向着四连冠迈出了坚实的一步。

然而，10 日的自由滑却留下了些许遗憾。羽生第四位出场，在他之前，陈

巍完成了三种四个四周跳并获得 197.55 分，第一个出场的宇野昌磨也以
195.69 分紧随其后。

羽生稳定发挥，完成了开场的后外结环四周跳，随后轻松地跳出了后内结
环四周跳，接着是行云流水般的旋转、步法和后内点冰三周跳。但是，在
跳前天公开练习中失误过的后半段的后内结环四周跳时，羽生不幸摔倒。
紧接着的单个后外点冰四周跳的落冰也不太理想。本来在三周半跳后面，
他打算再接一个后外点冰两周跳，但临时改成后外点冰三周跳来补救。然
而第二个三周半跳落冰还是有些混乱，虽然实现了联跳，但其中的后外结
环跳被降级，后内结环三周跳也仅跳了两周。最后的勾手三周跳更是变成
了一周跳，失误接二连三。

最终，自由滑只获得了 187.37 分。总分 293.90 分，虽然实现了四连冠，
但羽生内心对于自己的表现却难以满意。

> "老实说，自由滑只拿到第三名确实让人难以接受。和发挥得还不
> 错的短节目相比，自由滑在最后关头频频失误给人的印象太差了。
> 这次比赛对我来说，从头到尾都充满了反省和不足。"

尽管如此，他还是因为短节目那样沉浸在音乐与滑冰的世界中的表现而获
得了高度评价。

> "当然，和短节目不同，自由滑不是能让大家不断互动或者引发热
> 烈掌声的节目。但我确实能深切地感受到大家的目光，甚至有观
> 众在我跳跃的瞬间为我祈祷。正是因为有了大家的支持，我才能
> 在感受幸福的同时，尽情享受滑冰的乐趣。"

这是一个以宁静淡然的方式表达个人情绪的节目。由于缺乏明显的强音来
引导跳跃，增加了表演的难度。从上赛季的一个四周跳和两个以三周半跳
起跳的联跳，升级到现在包含两个四周跳和两个三周半跳的构成，后半段
的难度明显加大，完美完成这些技术动作的难度也随之提高。

"坦白说，从上赛季世锦赛开始，后半段的后内结环四周跳几乎就没成功过，我在反思自己对待这个跳跃的态度是不是还不够严谨。感觉上它和前半段的跳跃没什么区别，但究竟是该进一步磨炼我的感觉，让它接近一开始的后内结环四周跳的水平，还是彻底改变思路，把它当成一个全新的四周跳？接下来，我会尝试一下这些想法。不过，后内结环四周跳和后外点冰四周跳是我非常有自信的跳跃，关于如何在曲目后半段编排这些跳跃，还需要好好思考，也希望能听取更多意见。"

对于总决赛四连冠的成就，羽生表示"非常自豪"。

"正是通过参加这样的比赛并取得胜利，让我每次都深感，今后必须更加努力。"

"与其说在比赛中达到巅峰状态，倒不如说是通过一次次比赛来提升状态，适应比赛节奏。当然，并不是每年都能在总决赛中滑出完美的节目，去年在 NHK 杯和总决赛中，短节目和自由滑都发挥得很好，这在我的滑冰生涯中还是头一次。所以从这个角度讲，我对自己现在的状态还是挺有信心的，特别是能稳定发挥三种四周跳，这是很大的收获。

"至于如何达到巅峰状态，我尝试过很多方法，也和布莱恩教练深入讨论过，他希望我能在四大洲赛和世界锦标赛中展现出最佳状态。但我们还有全日本锦标赛，我也想拿到大奖赛总决赛的冠军……其实不管什么比赛我都想赢，这是我的真实想法。所以这次状态有没有达到巅峰先不说，主要是要提高自己的平均水平。能稳定完成三种四周跳，可能已经成为我的底线。"

尽管羽生反复提到"遗憾"，但他坚决表示："这和因为伤病治疗导致训练推迟无关，也不存在空白期。"但事实上，在真正开始高强度训练之前，他确实经历了四个月的空白期，这无疑影响了他做调整。

"我希望成为独一无二的羽生结弦，所以这个赛季采用了难度更高的编排，但成绩还是没能追平上赛季的最佳表现，这让我很不甘心。不过我觉得这个赛季的尝试还是很有意义的。但回顾赛季前半段，老实说，简直糟糕透了，真的超级不爽。本来在赛季开始前，我打算下赛季再争取完成现在的技术构成，但现在这股不甘的劲儿上来了，我就想着这个赛季后半段一定要搞定它！"

羽生此前曾表示："我每次尝试新的跳跃组合，通常都要到第二个赛季才能完全掌握。"但如今，他相信自己无论是技术还是心理，都比以前更加成熟了。面对即将到来的奥运会这样的重要赛事，羽生坚定地认为"现在绝不能原地踏步"。他对本赛季后半段的比赛充满了炽热的斗志和决心。

2016 年

加拿大站

短节目 *Let's Go Crazy*

2016 年

NHK 杯

更换了衣服颜色的 *Let's Go Crazy*

OSHITA GROUP

大奖赛总决赛　2016 年

NHK 杯　2016 年

2016年
加拿大站
表演滑首次亮相的 *Notte Stellata*（以下 3 张）

Scene 3

大收获

大奖赛总决赛结束回国后，羽生结弦因为流感不得不缺席了全日本锦标赛。时隔一段时间，他于 2017 年 2 月 17 日重返赛场，参加在韩国江陵举行的四大洲锦标赛。这也是来年平昌冬奥会前的一次重要预演。

比赛前一天的公开练习时，羽生谈到对比赛场地的感受：

> "这里的冰场主色调是蓝色的，让我想起了索契冬奥会。温度特别适合滑行，冰面状态也很棒。最重要的是，能在这样的环境中以最佳状态进行滑行，真是太幸福了。"

对于错过全日本锦标赛这件事，他表示：

> "倒也没有太放在心上，没觉得一定要弥补什么。"

> "四大洲锦标赛就是四大洲锦标赛，虽然可能被当成平昌冬奥会的

预演，但我不想太强调这一点。我就想专注眼前，以这样的心态比赛。"

"我并没有觉得压力有多大。"从容淡定地结束训练后，羽生结弦谈到了本次比赛里，像陈巍、宇野昌磨、金博洋这些年轻选手的崛起，他们都能完成好几种四周跳。

"这真是太棒了，我由衷地感到高兴和感激。他们在自由滑里尝试五个四周跳，在这种情况下，重点不是谁更出众，而是大家互相竞争、互相学习，把自己会的跳跃动作都放进节目里。每个人都在挑战自己的极限，我对他们持有极大的尊敬和感激。"

从他沉稳的表情中，可以感受到他对这场高手如云的比赛抱有的强烈情感。但第二天短节目的结果令人遗憾。

上一组，也就是第四组的陈巍，在 1 月的全美锦标赛上凭借短节目和自由滑的完美发挥，以 318.47 分夺冠。本场比赛他延续了这股势头，获得了 103.12 分的个人最佳成绩。

"其实我不知道他的具体得分，但我猜他应该滑得非常完美吧。"

羽生本人虽然一开始的后外结环四周跳跳得很稳，但之后的后内结环四周跳加后外点冰三周跳的组合却变成了两周跳加三周跳。

"后外结环四周跳一落冰就感觉'身体恢复得还不错嘛'，所以后面的动作都非常淡定。不过后内结环四周跳的时候，可能想太多了。我想着如果后内结环四周跳也能成功落冰的话，就可以一鼓作气完成这个节目了。整个感觉就和我预想的一样。表现方面呢，今天发挥得还行，但跳跃没稳住的话，其他都将无从谈起。我得好好想想哪里还能改进，这样才能更自信地去比赛。"

最终，羽生以 97.04 分排名第三，落后于获得 100.28 分的宇野昌磨。

两天后的自由滑，羽生的滑行充满了拼劲。在他之前出场的宇野昌磨，虽然本赛季首次尝试的后外结环四周跳和新加入的后内点冰四周跳均表现出色，且都获得了加分，但节目后半段却频频失误，总分 288.05 分。紧随其后的羽生，不仅完美地重现了 6 分钟练习时成功完成的后外结环四周跳和后内结环四周跳，后内点冰三周跳的衔接也十分流畅，整套节目堪称完美。

但是，短节目出现失误的、自由滑后半段以后内结环四周跳起跳的联跳中，第一跳跳空成两周后，他下意识地又接了一个后外结环一周跳。

> "失误之后，本想加个后外结环半周跳，然后跳后内结环四周跳，但瞬间觉得这样好像不太现实，就打消了这个念头。"

这导致他较早地使用了一个联跳。而正是从那一刻起，羽生证明了他的决心与斗志。接下来的后外点冰四周跳稳稳落冰，原本紧接着的以三周半跳起跳的联跳中，加了后外点冰三周跳，随后的三个跳组成的联跳改成了后外点冰四周跳加后外点冰两周跳。最终，他还将勾手三周跳提升为三周半跳，展现出了韧性十足的滑行。

> "我心里有个想法，就是必须完成四个四周跳和两个三周半跳的目标，所以联跳的次数什么的都想了很多。总之失误之后，我立马就想加一个带后外点冰三周跳的联跳，还要再来一个四周跳。虽然我想在最开始的三周半跳之后尝试后内结环四周跳，但速度不够，就改成了加入后外点冰三周跳的联跳，然后尝试后外点冰四周跳。跳完我正好瞄到布莱恩教练，他一脸'你这是在干吗？'的表情。"

对于练习时都没试过的补救措施，羽生形容说"最后那个后外点冰四周跳就是一闭眼跳出来的感觉"。

"我希望节目里能保留两个三周半跳，所以要是想整五个四周跳的话，就得考虑尝试别的四周跳了。从这个角度讲，现在还不太现实，不过这场比赛能试了包括失败的后内结环四周跳在内的五个四周跳，我已经很满足了，感觉离五个四周跳的目标又近了一步。"

大胆的补救措施奏效，羽生的自由滑获得了个人第三高的 206.67 分，总分 303.71 分。谈到演完后笑逐颜开的原因，他解释说："我高兴只是因为超了 300 分，可不是觉得自己稳赢了。"

正如他所说，虽然最后出场的陈巍有几个跳跃落冰不稳，但成功完成了包括后半段的后内结环四周跳在内的五个四周跳，获得 204.34 分而险胜，羽生最终获得亚军。

"现在这个阶段，在技术难度一年比一年高的情况下，我的发挥还达不到完美。所以我不是在和被年轻选手赶超的恐惧感做斗争，不管是第一还是第三，都还有很多要追求的目标。总之，我是真的特别想在比赛里展现自己的最佳状态。这场比赛让我意识到，自己还有很大的提升空间。"

他还表示，像陈巍和宇野昌磨这样的存在，"无疑是激励自己不断突破极限的关键动力"，他对这种良性竞争表示感激。

短节目和自由滑，两个表现方向完全相反的节目，再加上跳跃构成的超高难度，这是一个几乎无法做到零失误的赛季。2017 年世界锦标赛于 3 月 29 日在赫尔辛基拉开帷幕，对羽生来说，开局并不理想。他很清楚，要想夺冠，短节目必须完美，却没想到意外地以第五名进入自由滑。

赛前 6 分钟练习中，他全神贯注，所有跳跃都游刃有余地完成，但因为开始表演的时间（不得超过 30 秒）超过了 2 秒而被扣除 1 分。第一个后外结环四周跳基本完美，可以说是本赛季最佳，但之后的后内结环四周跳落冰没站稳，左膝触到了冰面，虽然接了个后外点冰两周跳，但未被认定为

有效联跳，被扣了 4 分。尽管后续表现接近完美，得到不少加分，但最终
只拿到 98.39 分，排在当时领先的金博洋之后，位列第二。

> "跳的时候感觉挺好的，落冰的那一下我就觉得'咦'。回看视频
> 时，发现自己的轴线稍微后倾……我觉得自己还挺擅长第一个出
> 场的，也有针对性地进行了训练与准备。6 分钟练习感觉也没那
> 么糟，但到底还是犯了错，这是不争的事实……这赛季我一直在
> 说'好遗憾'，但就是没能把这些经历转化为成绩，真是对自己太
> 失望了。"

第四位出场的哈维尔·费尔南德兹得了 109.05 分，宇野昌磨以 104.86 分紧
随其后，陈伟群以 102.13 分位列第三，金博洋以 98.64 分位居第四。排在
第五位羽生之后的，是得分 97.33 分的陈巍。对跳跃充满信心却意外失误，
平时羽生总是很积极乐观地面对问题，但那天他的沮丧情绪十分明显。

后来，他这样回忆当时的心情：

> "与其说是被逼到绝境，不如说更像是丧失了自信吧。要是能马上
> 找到原因，比如'这里不好，所以下次这样改'，可能就不会那么
> 消沉了。但是，包括最后排名第五，我为什么在状态那么好的情
> 况下还是失误了，到最后都没搞明白。从这个角度讲，自信确实
> 受挫了。"

然而，事情并没有就这样结束。羽生在自由滑里，仿佛重获新生一般，展
现出了完全不同的表现。

> "果然，在比赛这种巨大的紧张感中……某种意义上，正是因为有
> 这份紧张感，才能获得各种力量，这场比赛给了我这样的感悟。虽
> 然已经沮丧到了极点，但通过聆听和阅读粉丝及支持者的鼓励，回
> 顾自己之前的种种努力，最后想着'也只能相信自己去试一试了'，

总算重新找回了斗志。比赛时的专注方式可能很特别，但我觉得，那些在练习之外获得的支持，也都转化为了自由滑中的力量。"

最后一组第一个出场的羽生怀着复杂的心情展现了他的自由滑节目。他的动作优雅而从容，整个四分半钟的表演行云流水，丝毫没有中断。

后半段一直是羽生的薄弱环节，此前他在这部分频频失误。但这次，他在加快速度的同时，成功完成了后内结环四周跳加后外点冰三周跳，以及后外点冰四周跳。正如节目开始时的后外结环四周跳，这几个跳跃也同样完美无瑕，每一跳都获得了 2.43 分的加分。节目结束时，羽生目光如炬，笔直地伸出右手食指，指向苍穹。

羽生坚信，这套节目能完整地表达他那一刻的感受。他仿佛将身心完全交付给了音乐，在冰面上滑行、跳跃、旋转。现场观众无不屏息凝视，目不转睛地注视着他的一举一动。

"我全神贯注到几乎忘了自己在表演什么。速度或许还能再快一些，但为了确保跳跃和表现，为了呈现完整的节目，我觉得这样的安排是最理想的。

"我特别专注后半段的四周跳，尤其是我在比赛中从没成功同时完成的后内结环四周跳和后外点冰四周跳。这一次，每完成一个跳跃，我都感觉自己仿佛和风、水这些自然元素融为一体。那种专注的状态好极了。"

当被问及是否有信心逆转与费尔南德兹 10.66 分的差距时，羽生露出了笑容，坦言"我有信心"。他并未将这份信念化作压力，而是以平和空明的心态全力以赴。正是这种心态，让他得以重拾编舞之初的本心："我希望通过音乐，不仅传达出自己的情感和思绪，还将风、树、水等意象融入其中，想看看观众会有什么样的感受。"

羽生在自由滑中获得 223.20 分，创造了新的世界纪录。尽管总分没能超越此前的个人最佳，但 321.59 分已属高分。在羽生之后虽然还有多达 5 人，其中也不乏短节目前五名的选手，但他的这套节目已经锁定了时隔 3 年在世锦赛上再度加冕的胜局。

"等待分数出来的时候既紧张又害怕。回望过去，我最大的对手其实是过去的自己。上赛季大奖赛总决赛时，我曾获得短节目 110.95 分、自由滑 219.48 分、总分 330.43 分的成绩。那简直像一堵高墙，一堵不单单要求我零失误完成表演，更要求我在提高节目构成难度后，仍要完美演绎才能跨越的高墙。

"与之前的 SEIMEI 相比，现在的节目明显更难获得高分。之前不仅跳跃上没能达到完美，表现力上也有欠缺，不断重复着有遗憾的表演。虽然这一次完成了干净利落的滑行，但内心仍有些忐忑，不知道裁判会如何评价我的表现。"

Hope & Legacy 并非一首能直接助力演出的强劲乐曲，反倒有一种表演滑的韵味。在这样的曲调下，跳跃时机很难完全契合旋律，也不容易在节目中营造张弛有度的起伏。提高跳跃难度，将其巧妙融入一套完整的节目，这正是羽生结弦作为一名花滑选手真正的实力所在。

为了来年的平昌冬奥会，羽生本赛季都在为"奥运夺金"这个目标而拼搏。赛季初，他不顾教练反对，最后说服对方接受了自己的方案，在节目中加入了四个四周跳，其中就有后外结环四周跳。

"最后能毫无失误地完成表演固然很棒，但即便做不到也没关系。比如，上个赛季的节目构成，我有自信随时都能做到零失误，这也是一直以来的训练成果。所以我觉得，这个赛季最大的收获是在练习时没给自己设限。"

"65 年前的 1952 年，美国选手迪克·巴顿作为上届奥运冠军和上届世锦赛冠军参加奥斯陆冬奥会，最终成功实现了奥运两连冠。从这个角度来看，我觉得这是个特别好的兆头，好运正向我走来。这次的成绩或许会让人期待我以后也能保持零失误，但我了解自己，我不是那种能一直不出错的选手。所以，下赛季我可能还是会因为犯错而感到烦躁和不甘心。但正是这种心情，会让我更加拼命地去训练吧。"

羽生不只是沉浸在喜悦中，他还在审视自己，同时对奥运赛季抱有更加坚定的期待。

4 月 20 日开幕的世界团体锦标赛是本赛季的最后一战。尽管羽生没能呈现一场完美无瑕的表演，但仍然收获颇丰。

短节目开场时稍显急躁，后外结环四周跳只做了一周，随后的后内结环四周跳落冰时手部触冰，未能完成联跳，最终以 83.51 分意外排名第七。

"我觉得自己糟糕的老毛病全都暴露出来了。在这套节目里，自己被太多不必要的情绪和想法所左右。考虑到明天是普林斯去世的纪念日，我本想在表演中注入这种情感，但似乎没能如愿。"

其实在夏天时，羽生就已经对 Let's Go Crazy 这套节目的成熟度很有信心了。正因为如此，他才开始思考如何在表现力上寻求突破。一直以来他都本着这个心态努力打磨节目，不断尝试。遗憾的是，本赛季他最终也没能呈现一次零失误的表演。

短节目结束后，那个失败的后外结环四周跳在羽生脑海中挥之不去。他躺在床上，那一幕不断闪现，搅得他辗转难眠。于是，他下定决心要在自由滑后半段尝试在公开练习时做过的后外点冰四周跳加后外结环一周跳加后内结环三周跳，把节目的四周跳数量增至五个。

"我当然想滑出一套世锦赛水准的自由滑，但我给自己设定的挑战是：后半段一定要跳后内结环四周跳，还要尝试两个后外点冰四周跳。所以，我确实有意识地想要准确完成前半段的跳跃，旋转中也没有做贝尔曼。在步法方面，虽然投入了感情，但还是有所克制。从某种意义上说，我觉得这样的步法和表达方式也未尝不可。"

面对世锦赛的自由滑节目，羽生从对短节目第五名的不甘中偶然获得了高度集中的状态。而四大洲赛上后半段的两个后外点冰四周跳，也是他因失误的懊恼而临时起意加入的。但这一次，他想在完全掌控的情况下呈现这一切。怀着这样的想法，羽生迎来了自由滑。比赛一开场，羽生就用一个干净利落的后外结环四周跳赢得了 2.57 分的 GOE 加分。尽管紧接着的后内结环四周跳出现失误，只跳了一周，但他的状态丝毫未受影响。后半段的后内结环四周跳加后外点冰三周跳，以及随后的后外点冰四周跳都完美无瑕，全体裁判给出了 2 ~ 3 分不等的加分。三周半跳加后外点冰两周跳后，以后外点冰四周跳起跳的三个跳组成的联跳中，最后的后内结环三周跳因落冰稍有停顿，还有原定的勾手三周跳改为三周半跳，可惜也没能成功，变成了一周跳。

尽管如此，羽生仍以 200.49 分获得第一，为日本队夺得团体冠军立下汗马功劳。赛后他笑着说："最后的阿克塞尔真的是在意气用事，是一次'倔强'的失败。"

"当时我脑海里盘旋着许多念头，要不要直接从鲍步进入阿克塞尔，还是插入一个莫霍克步，要不干脆先来个大一字。但到了那一刻，我还是决定尝试最有挑战的动作，争取笑着收尾，因此选择了在大一字后尝试阿克塞尔。在后内结环跳失败，转入旋转动作时，我甚至想过要不要尝试六个四周跳。但如果那样做，节目就散了，所以最终决定坚持做三周半跳。"

在基础分提高的后半段加入三个四周跳，这在历史上尚属首次。

"但那都无所谓，我敢肯定，最让我开心的是仿佛在跳前半段的跳跃一般，后半段成功连续完成了后内结环四周跳加后外点冰三周跳，以及后外点冰四周跳。终于能在节目后半段展示出真正符合我特色的跳跃了。至于下赛季是否将自由滑的难度提高到五个四周跳，这还需要进一步深思。我必须仔细考虑自己的优势究竟是什么。世锦赛后，我在训练中尝试过加入五个四周跳，但说实话，要像世锦赛那样保质保量地完成五个四周跳，难度实在太大。尽管如此，在时间紧迫、体力下降的情况下，能够在后半段优雅地完成两个四周跳，并且另一个四周跳勉强实现了三个跳的联跳，这种即使只多得 1 分或 2 分的努力，也成了我在赛场上的一大利器。"

为了实现奥运两连冠这个壮举，羽生结弦这个赛季已经做好了迎接各种挑战的准备。而在赛季的收官之战中，他也有了巨大的收获。

PS® 2017
ND

WORLD
FIGURE
SKATING
CHAMPIONSHIPS®
HELSINKI 2017

ISU 125 YEARS

2017 年
世界锦标赛
展现了羽生极致专注力的
Hope & Legacy

2017 年 3 月

22 岁
在赫尔辛基赢得了
第二个世锦赛冠军

和特蕾西·威尔逊教练

谈笑风生

Scene 4

决胜的节目

2017 年

休赛季

2017 年 5 月 26 日，"Fantasy on Ice 2017"拉开帷幕。在幕张公演首日，羽生结弦最后出场，带来了《第一叙事曲》的精彩演绎。这是他在索契冬奥会后，为"拓展自己的表现力"而挑战的钢琴曲。最初那个赛季，他曾尝试在节目后半段加入后外点冰四周跳，但因伤无奈放弃。随后的赛季，他调整了策略，在节目中加入了两次四周跳，并以此屡创世界纪录。

而在冰演上，羽生呈现的则是这套节目的升级版。他将开场的跳跃换成了后外结环四周跳，后半段则加入了三周半跳和后外点冰四周跳加后外点冰三周跳的组合。幕张公演首日和第二天，他在后外结环四周跳上出现失误，但在第三天，他成功完成了所有跳跃，步法部分也滑出了饱含情感的有力线条，最后以联合旋转作结，献上了一场完美演出。

与此前的《第一叙事曲》相比，这一次的滑行似乎更添几分力量感。对此，羽生是这样解释的：

"在稳定加入后外结环跳后，我觉得目前的编排确实更显力量感。

我想这主要得益于在后半段的步法前加入了四周跳加三周跳的组合。从之前的 NHK 杯起，我就一直尝试在前半段加两个四周跳的编排。我非常喜欢旋转和步法部分的音乐，感觉也能通过它们来表达各种意境。虽然现在的节目还不算完美，但三周半跳给人一种更轻盈、更能融入音乐的感觉，后外点冰跳的联跳也更贴合旋律。从这个角度来说，节目的表现张力得到了极大拓展。

"虽然旋转还有很多需要改进的地方，但我正在琢磨加入一些新的手部动作，想'试试看'效果如何。另外，我还想着重打磨后半段的跳跃，以及从开场大一字到后外结环跳，再到鲍步的整个衔接过程。"

随后，羽生谈到了在奥运赛季再次选择这首曲目的原因：

"这次节目选曲确实纠结了很久。老实说，'第三个赛季了，还这样合适吗'这种想法我不是没有过，甚至一度想着要不干脆继续用 Let's Go Crazy 算了。另外，我心里一直有再滑一次《第一叙事曲》的念头……而且上赛季的自由滑主题是'不刻意设定情绪'，贯彻的是'随心而动，自然流露'的理念。所以在世锦赛时，我觉得自己滑出了'心目中理想的演绎'。这让我确信，经过那次经历后，一定能滑出更棒的《第一叙事曲》。

"所以这么选，并不是基于'奥运赛季要稳'这种考量。只有《第一叙事曲》才能让我展现独特的表现方式，塑造专属于我的风格。三年间，原本模糊的想法渐渐清晰，我想要演绎的，是只有经过这三年沉淀后的现在才能展现的《第一叙事曲》。"

正如羽生所言，"Fantasy on Ice"的这版《第一叙事曲》，虽然是在较小的冰场上进行的冰演版本，但给人的感觉已然不同往昔。

"编舞虽然只改了一点点，当然还称不上完美，但给人的感觉已经焕然一新了。索契冬奥会后的那个赛季，第一次尝试这套节目时，后半段加入了后外点冰四周跳，开场的三周半跳也是按照大一字进、大一字出的构成，那其实已经比较接近我当时想要的表现了。那一版不光有编舞师杰佛瑞·布特尔对《第一叙事曲》的理解，也融入了我个人的理解。现在，这些元素终于开始融合，形成了一个初步的轮廓，而我的技术也终于跟上了节目的需求。

"还有就是，正因为用的是同一首曲子，才更想展现出不一样的东西。我可能不是那种喜欢尝试各种新事物，然后又轻易放弃的人。一旦确定目标，更倾向于一条路走到黑，这样不仅有利于深入思考，也能展现多样的自我。当然，尝试不同风格并展示'看，变化了'的做法同样有价值。我在这方面也算是颇有经验了。就好比歌手的现场演唱，每一场都能呈现不同的风采。我觉得自己也是这样，每一次演绎都独一无二。所以我觉得，如果能重视这种独特性，《第一叙事曲》会变得更加出色。"

羽生曾经这么说：

"相比有大量影像记录的比赛，很少被录制下来的冰演舞台更像是'一期一会'。"

正因为如此，希望在场的观众能在那里感受到各种各样的事物，引发各种联想。这种感觉同样适用于比赛场合。选手的情感和感官随时间而变。场地和观众不同，现场氛围和感受也会不一样。花滑的魅力就在于，所有这些因素汇聚在一起，成就了一次次独一无二的演绎。

"上赛季的自由滑尤其让我有这种感觉。短节目 *Let's Go Crazy* 类似于现场演出的节目，观众的反应和我的表现每次都不尽相同，即兴发挥也很多。但说到上赛季自由滑留给我的印象，总觉得每次滑的时候'氛围都完全不一样'。虽然并没有连续三个赛季都用

《第一叙事曲》，但我真切地感到，正是因为有了上赛季的积累，才有了今年的《第一叙事曲》。上赛季真的学到了很多东西。

"不过我觉得，倾注其中的不光是迄今为止的三个赛季，更包含了我从小到大学习和积累的全部。毕竟我对这首曲子的了解比以往任何时候都深，已经滑了两年，对它的理解和感悟都到了一个全新的高度，音乐仿佛已经融入我的血肉。正因为如此，我才觉得这套节目或许能让自己真正做到随心所欲地滑行，随性而发地表达，信手拈来地跳跃吧。"

对于新赛季，冰演是个磨合新节目编排的好机会。羽生解释说："在我心中，'Fantasy on Ice'也是一种修行的方式。"他总是以"这是正式演出！"的心态对待，努力将情感充分投入，以一种紧张感营造出让观众觉得"值得专程一看"的演出效果。即便是比比赛冰场较为狭小这样的不利条件，也被视为宝贵的经验。

"所以，我必须强调的是，'这不是练习'。有人不远万里专程来看，还有些人表示想要反复观看。我希望把上赛季自己非常看重的'建立联结'的情感传递给他们。在这次冰演中，我会注意让自己的情绪和营造的氛围传遍场馆的每个角落。"

关于自由滑节目，羽生在冰演期间表示：

"大致方案已经确定，整体构成也基本敲定了。考虑到陈巍选手正在不断增加四周跳的数量和种类，金博洋选手的节目也在不断改进，我希望在赛季开始前进一步提升自己的实力。目前，正处于尝试各种可能性的阶段。"

8月，羽生在多伦多的公开练习中披露了自由滑的曲目，他选择了 SEIMEI。

"关于短节目选《第一叙事曲》，可能还有些犹豫，但自由滑选 *SEIMEI* 却是毫无疑问的。自从 2015—2016 年赛季凭它拿到好成绩后，我就决定要把这个节目放在奥运赛季，所以上赛季在选曲时才会有些纠结。我一直想尝试和风元素，但又怕过于接近奥运赛季的风格。从这个角度说，*SEIMEI* 其实是为本赛季特意准备的'保留'节目。"

羽生对和风情有独钟也是有原因的。

"我是个有着强烈民族自豪感和荣誉感的人。记得第一次穿上日本代表队队服时，就有一种'我是代表日本参赛的，要背负国旗奋战'的使命感，热血沸腾。正是因为有这样的情怀，我非常渴望能在奥运会上呈现一套和风的节目。这也是在 2015—2016 年赛季挑战 *SEIMEI* 这一节目的初衷。大家的认可和好评进一步坚定了我对这套节目精益求精的追求。"

如果是以前表演过的节目，周围的人可能会觉得"怎么又是这个"，而羽生还有可能被之前完美的演绎束缚手脚。确实存在这样的风险，但他认为，"技术构成不同，所以不成问题"。

"节目开场先是后外结环四周跳和后内结环四周跳，接着是后内点冰三周跳、旋转和步法。后半段的第一跳是后内结环四周跳加后外点冰三周跳，随后是后外点冰四周跳加后外结环一周跳加后内结环三周跳，然后是一个单独的后外点冰四周跳。之后是三周半跳的联跳，最后虽然常规构成是勾手三周跳，但考虑到临场补救，练习时跳了两个三周半跳。为了应对各种可能情况，我一直努力保持后半段的高难度。"

上赛季，当被问及是否打算将节目中的四周跳增至五个时，羽生表示：

"我非常重视节目中的两个三周半跳，所以需要慎重考虑。"但随着年轻选手们纷纷将多种四周跳作为制胜法宝，羽生也下定决心放弃对三周半跳的坚持，尝试编排五个四周跳的节目。

> "虽然我也能跳勾手四周跳，平时练习时也跳了不少，但现阶段还没打算把它编进节目。我想先用现有的构成把节目打磨到完美无缺。不过后半段加了三个四周跳，难度肯定比去年高了，所以首要任务是把 SEIMEI 这套节目打磨得尽善尽美。"

将《第一叙事曲》和 SEIMEI 这两套看家节目安排在冲刺奥运的关键赛季，听闻我们从中感受到了他的决心时，他微笑着回应"真的吗？你们也这么觉得？"，接着继续说道：

> "最重要的是按照自己的心意去滑。无论是《第一叙事曲》还是 SEIMEI，它们都能让我真切感受到音乐的律动。Hope & Legacy 也一样。只不过这次我想表达的不仅是音乐，还有整个作品的意境。从这个角度说，这些节目最大的优点就是便于诠释。在某种程度上，我可能会受到两个赛季前表演的影响。但即使曲目和一些动作相似，如今挑战的难度已经今非昔比，所以应该不会太受束缚。虽然用的是同一首曲子，但尝试的是不同的东西，且更进一步的东西。这样一来，也就不必太在意那些顾虑了。"

选用新曲目来表演自然也有它的意义。但在奥运赛季，我们不能满足于"啊，真新鲜，以后滑熟了会更棒"这样的反响，而是要从一开始就让人惊叹"这节目太精彩了！"。

8 月上旬，在多伦多公开练习时展示的《第一叙事曲》的步法，让人感受到他在 Let's Go Crazy 中试图展现的那种笔直锋利的气势。而 SEIMEI 则流露出他在 Hope & Legacy 中讴歌的那份静谧感。

"*SEIMEI* 展现了一种鲜明的个性。它的中心就像有一个坚固的支柱，稳稳地屹立着，不可动摇。但我想把从 *Hope & Legacy* 中学到的东西融合进来……那是一个没有明显支柱的编排，给人一种像冲绳的古民居一样包容一切的感觉。我想把这两种风格结合起来，展示自己迄今为止所有的感受和体验。"

这种意图也体现在了 *SEIMEI* 的步法中。以强音为主的部分，羽生不再像以前那样强调声音本身，而是努力捕捉更细微的声音。羽生解释说："我开始稍稍偏离完全紧跟节奏的做法了。"

"抓住每个声音并非全部。这是在聆听久石让先生演奏的 *Hope & Legacy* 时得到的感悟之一。比如在 *Let's Go Crazy* 里，如果试图抓住所有声音，节目就会失去张力。这是一首激昂的曲子，我希望保持它的起伏感，这个理念应该也能很好地运用到本赛季的 *SEIMEI* 和《第一叙事曲》中。"

奥运两连冠是羽生结弦竞技生涯的终极目标之一。为了实现这个梦想，索契冬奥会后的三个赛季，他都满怀斗志地度过了。在深思熟虑后，他选择了自己认为值得全力一搏的节目。尽管这套节目在两个赛季前曾多次刷新世界纪录，但正如他所言，选择它"并不是为了在奥运会上获得更稳定的表现"。这绝不是一种保守的策略。羽生希望能进一步升华这套臻于完美的节目，将其打造成一个能充分展现"更加成熟的羽生结弦"的真正实力的制胜曲目。

勾手四周跳

2017—2018 年

赛 季 前 半 段

秋季经典赛作为平昌冬奥赛季的首战在 2017 年 9 月 21 日拉开帷幕。由于
大约在十天前右膝出现疼痛，他决定不再尝试后外结环四周跳。在短节目
中，他将原定的后外结环四周跳改成后内结环四周跳。

> "这次我想表现出一种从宁静中渐渐升腾、热血沸腾的感觉。正因
> 为有这样的追求，我格外注重每一处细节。"

正如他所描述的，羽生从如宁静的钢琴旋律一样的滑行开始，干净利落地
完成后内结环四周跳，然后在接下来的旋转中逐步加速。之后重归静谧，
轻盈地落下三周半跳，接着用后外点冰四周跳加后外点冰三周跳以及精彩
的步法，将表演的气氛推向高潮。他以 112.72 分刷新了个人保持的世界纪
录，展现了"羽生的强大"。

在自由滑中，羽生结弦的目标是精确且无误地完成所有后半段的更高难度
的跳跃。前半段的勾手跳、后外结环跳和后内点冰跳均被简化为三周；后
半段则包含三个联跳在内，由后内结环和后外点冰的三个四周跳，以及两

个三周半跳组成。尽管放弃了后外结环四周跳，但羽生并未采取保守策略，而是决心完成一套前无古人的难度组合。

然而，在一开场就全速滑行的表演中，最开始的勾手三周跳发生失误，只完成了一周跳。

> "当第一个勾手跳失误时，因为是想跳就能跳成的跳跃，所以一度犹豫要不要把后外结环三周跳改为四周跳。但脑中闪过的念头实在太多了，比如在最后再加一个四周跳之类。这些过于复杂的想法弄得整个节目都乱了套。"

接着的后外结环三周跳虽然成功落冰，但后内点冰三周跳因为"用刃不清晰"而未能获得加分。之后，他迅速调整状态，凭借精准的旋转和步法，后半段第一个后内结环四周跳加后外点冰三周跳获得了 2.8 分的加分。然而，紧接着的后外点冰四周跳只跳出两周，他只能临场发挥补了一个后外结环一周跳和后内结环两周跳。下一个后外点冰四周跳跳空后，最有信心的三周半跳竟然意外地摔倒了。最后，他将一个三周半跳改成后外点冰四周跳，但被判为降级跳跃。

最终，八个跳跃中有五个发生重大失误，自由滑以 155.52 分位列第五。总分 268.24 分，被哈维尔·费尔南德兹超越，止步于第二名。

赛后，羽生带着苦笑表示："一开始串联三周跳确实有点难度，总感觉有种难以充分发挥的束缚感。"正因为有实力跳四周跳了，所以一旦把体力充分的前半段的跳跃更改成三周跳后，有些部分就不得不控制自己的动作力度。

> "现在我感到的是一种难以平复的遗憾。有时我想，如果尝试了后外结环四周跳，情况可能会有所不同。平时练习时每天都跳一个后外结环四周跳，而且跳得越来越稳，勾手四周跳我觉得也并非完全不可能。所以说实话，真的很不甘心。'不勇敢尝试的话，可能永远都演绎不出符合我自己风格的精彩节目。'与其像搭建玻璃塔那样一片一片小心翼翼地垒高，不如粗犷一些，拼尽全力登上峰顶。正因为它很脆弱，当全部堆砌起来时才会呈现出震撼

人心的美，这也是我的特点和优势所在。我希望能充分发挥这种
优势。"

这是一番充满了蓬勃斗志的发言。在节目中，他首先跳了勾手三周跳，并
在后半段加入了他一直以来"特别看重"的两个三周半跳。这种编排似乎
预示着他将来会把勾手四周跳纳入节目的完整构想。

10月20日揭幕的大奖赛首站俄罗斯站中，羽生向世人展示了"挑战者羽
生结弦"的决心。这场比赛，他将与陈巍选手正面交锋。短节目前一天的
公开练习时，他跳了勾手四周跳。

"一直以来我都在刻苦训练，觉得'可以尝试加入勾手跳了（质量
上来了）'，这是我此次决定尝试勾手四周跳的原因之一。为备战
冬奥会，接下来会参加一系列赛事，但实际比赛机会毕竟有限。
所以为正式比赛而进行的每一次尝试都极为宝贵。从这个角度讲，
我想'尽可能多地去尝试'。"

从赛季首站秋季经典赛中，羽生吸取的教训是"不全力以赴会削弱我的专
注力"。而第二站比赛，羽生选择尝试挑战加入勾手四周跳的新构成，如
果不尽如人意，也还有调整方案的空间。

"为了避免像秋季经典赛那样分心，我决定采用最能发挥自身实
力、最能全情投入的节目构成。"

他如此表达自己备战大赛的雄心壮志，但短节目的表现却不尽如人意。
比赛顺序排在他前两位出场的陈巍将失误降到最低，获得100.54分之后，
随后出场的羽生最开始的后外结环四周跳因周数不足而落冰不稳。尽管
通过旋转重新找到节奏，随后的三周半跳也获得所有裁判GOE满分3分，
但紧接着的后外点冰四周跳落冰重心偏低，第二个后外点冰三周跳则是
靠紧缩双臂才勉强完成，即便如此，在落冰后还是因冰刀未能顺畅滑行
而意外摔倒。

"我想问题出在完成后外点冰四周跳后的犹豫。我变得有点过于谨慎了。四周跳本身并不差，但我想接一个双臂上举的跳跃，速度可能还是稍显不足……就是那一刻的迟疑，才导致了失衡。"

尽管以 94.85 分暂列第二，但赛后羽生依然面带微笑。虽然存在些许遗憾，但他认为这次的失败并不算特别糟糕。

"我在很多方面都保持了冷静。更重要的是，这套节目是我练习最多的。当然，和秋季经典赛新加入的后内结环四周跳的构成相比，这次低了 10 多分。从评分看有两处重大失误，但我自己感觉并没那么差。我相信只要稍加调整，就能很好地备战明天的比赛。我的体力还远未耗尽，对于明天的自由滑，期待自己能完美完成勾手四周跳。所以我不会反抗这种情绪，会在承受期待和压力的同时，努力控制好情绪和状态，全力以赴地追逐胜利。"

羽生自 2010 年升入成年组以来，一直未能在大奖赛首站赢得冠军。21 日的自由滑比赛中，在早上的公开练习和赛前 6 分钟练习中显得有些不稳的开场勾手四周跳，尽管落冰时重心略有偏移，依然获得了 1.14 分的 GOE 加分，看似羽生离首胜更近了一步。

然而，接下来的后外结环四周跳起跳出现偏差，变成了三周跳。之后，他漂亮地完成了后内点冰三周跳，通过旋转和步法重新找到状态。然而到了后半段，后内结环四周跳因重心下沉未能接上联跳。更出人意料的是，原定的三个跳组成的联跳中的后外点冰四周跳也成了两周跳。

不过在节目末段，他成功在后外点冰四周跳后接上后外点冰三周跳完成联跳，紧接着的三周半跳，无论是联跳还是单跳都非常稳健，最终获得 195.92 分。这个成绩虽高于完成四个四周跳的陈巍，但总分还是以 3.02 分之差排名第二，与冠军失之交臂。

"的确，加入勾手四周跳非常具有挑战性。总的来说，这套节目的磨合还远未到位，这是这次比赛的最大感受。不过，说到自由滑，虽然在两个四周跳未能完成的情况下还完成了两个联跳，但还是犯了不少大失误。尽管如此，自由滑还能排名第一，我想这主要还是因为有勾手四周跳的加成。从这个角度讲，短节目的失误确实影响了最终成绩，实在是太可惜了。"

对于后外结环四周跳的失误，他分析认为是还没有很好地兼顾与勾手四周跳之间的平衡。

"可以说是注意力的分配，或者说节奏的把握还需要更好地调整。"

不过就像开始尝试后外结环四周跳时，后内结环四周跳的转速也提高了一样，自从能跳勾手四周跳以来，后外结环四周跳的成功率也大幅提高。

"我是那种随着难度的提高而逐步进步的类型。所以一旦能跳勾手跳，后外结环跳也就能更容易完成了。"

"每种四周跳的跳法都不一样，要区分完成所有跳跃。"羽生提到，起跳瞬间发力的部位、跳跃前身心的准备以及时机把握，每种跳跃都各不相同。正因如此，他坦言"如果只专注于练习难度大的跳跃，有时会对其他跳跃产生影响"，他感到自己的状态还有些不稳定。

"在这方面，我的控制方式还有很大的提升空间。我一直是这样一点点克服困难走到今天的，所以进步也只能循序渐进。秋季经典赛那种相对简单的构成，和这次近乎全力以赴的构成相比，虽然这次总分更高，但之前短节目时的状态更好。可能有人会建议我在短节目用秋季经典赛的构成，自由滑保持这次的编排……但我就是想在不断挑战中，在紧张到双腿发软的幸福感中完成这次比赛。"

高难度构成一直是羽生的追求，为此他坚持练习勾手四周跳。比赛的第二天，他再次表明了自己挑战的决心。

"布莱恩是一个注重战术的教练，事实上，从春天到夏天，我们就一直在讨论这个话题。他最初的想法是，'咱们可能不需要尝试勾手四周跳'，我当时也觉得成功率不会太高。仔细想想，现在拿到最高分都是靠后内结环四周跳和后外点冰四周跳，如果节目里不加入勾手四周跳，差不多每场比赛都能完美发挥。

"但要是真那样做了，我觉得自己滑冰就没啥意思了……当然了，花滑艺术性也很重要，我特别想在这方面有所提高。不过在我心里，如果那样，似乎就不再是比赛了。虽然这么说可能有点任性，但对我来说，跳跃就意味着不断探索的可能性，而现在却要放弃它。这反而让我觉得，守护迄今为止所珍惜的东西随时都能做到。"

羽生结弦在节目刚结束时曾表示，自己在勾手四周跳上的把握度只有10%，但这天他说"现在大概也就 5% 吧"。接下来如果一切顺利，奥运会前他就只剩下 NHK 杯、大奖赛总决赛、全日本锦标赛这三场比赛了。

"总之我会不断练习，让每场比赛的内容都更充实。不管是哪个赛场，我的首要任务就是要'创造出令人满意的表现'。"

"无失误的发挥确实是我的目标。奥运会的紧张氛围非同一般，这点我深有体会。要在这种环境下稳定跳出高难度动作，我觉得自己必须带着十足的自信，所以得好好对待每一次上场的机会。

"作为曾经的奥运冠军再战奥运，压力肯定不小，但就算不是冠军，压力也一样大。这三年参加比赛，我强烈地感觉到，最大的压力来自对自己的期望。虽然我对自己有信心，但随之而来的不安感也在增加。正是因为有这份自信，所以压力才会更大。不过，或许正是在这些压力的锤炼下，才能变得越来越强大。相比别人，我给自己施加的压力更大，但如果能适时调动和释放这些压力，可能会爆发出更强的力量。我把压力视为优势而不是弱点，所以关键是要学会有效利用和控制压力，把握好爆发的时机。"

最后的节目构成肯定还得和教练商量，之前也尝试过很多方案。"不过现在，我就想按这个方案练，希望能在这个模式下积累更多训练量。"谈到平昌冬奥会，羽生流露出自己的期待之情。

然而，在随后的 NHK 杯上，羽生结弦遭遇了意料之外的事态。

11 月 9 日，短节目前一天的公开练习中，羽生因为头天晚上开始发烧，滑行时明显感到身体有些沉。他先是完成了后外结环四周跳和后内结环四周跳加后外点冰三周跳，接着尝试第一个勾手四周跳，结果落冰时轴线歪了，右脚刀刃斜插入冰面，导致摔倒。

短暂休息约 5 分钟，再上冰练习时，羽生没敢再跳，仅完成了滑行。随后，他被诊断为"右脚关节外侧韧带损伤"，不得不退出比赛。之后，他未能恢复训练，也缺席了 12 月 21 日开始的全日本锦标赛。

这就意味着，羽生将以一种"裸考"的状态，直接迎战关乎连冠的平昌冬奥会。

Scene 6

66年来首次

奥运连冠

2018年
平昌冬奥会

平昌冬奥会于 2018 年 2 月 9 日开幕。花样滑冰团体赛在开幕式当天上午开始，代表日本出战男子项目的是宇野昌磨和田中刑事。羽生原本计划在 16 日男子单人滑开赛前抵达韩国。

自从在 11 月的 NHK 杯上右脚踝受伤后，羽生就没有公开露面，外界对他的状态所知甚少。尽管有消息称他已于 1 月初恢复冰上训练，但能否出战冬奥会，以及恢复到何种程度，都令人十分担忧。正是在这样的情况下，当羽生于 2 月 11 日抵韩并在入境通道出现时，所有人都长舒了一口气。

不仅日本媒体如此，其他国家的媒体也有同感。在公开练习后的记者招待会上，来自各国的媒体蜂拥而至，会场内座无虚席，就连过道都站满了人。面对这样的场景，羽生说：

"能像这样被这么多记者朋友包围并接受采访的运动员真的屈指可数。我现在满心感激，不只是在场的各位，还有通过你们的报道、电视转播看到我的观众，以及现场观众等，我知道很多人能看到我的表演。这也许会成为一种压力，但时隔许久重返赛场，反而想竭尽全力接受它。我相信，一直在等我回来的人以及因此开始关注我的新观众会越来越多。我会拼尽全力，希望他们在看完我的表演后，都能发自内心地说一句'太好了，真高兴我看到了羽生的节目'。"

12 日，羽生在平昌冬奥会的江陵冰上运动场进行了抵韩后的首次练习。他在冰面上滑行，感受冰面的触感，最后来了一个三周半跳，结束了 15 分钟的"适应冰面"的环节后，离开了冰场。

13 日上午，羽生在主赛场参加公开练习。他先是轻松完成了三种三周跳和三周半跳，随后流畅地跳出了轴线细长的后外点冰四周跳和后内结环四周跳。在自由滑合乐的后半段中，他接连完成了以后内结环四周跳起跳的联跳、以后外点冰四周跳起跳的三个跳组成的联跳，以及三周半跳加后外点冰两周跳。练习结束后的记者招待会上，他这样谈道：

"这次比赛选对策略极为关键，跳跃构成也有好多种选择。当然，我心里有一个声音在说'只要滑得干净利落，一定能赢'。我对自己还是挺有信心的。我想在状态逐渐提升的过程中，决定节目的具体构成。"

11 月受伤之后，羽生有大约两个月都无法上冰练习。他试着通过陆地训练，巩固跳跃的动作和感觉，但内心难免有些焦虑。

"体能方面确实挺担心的。不知道能不能尽快找回在冰上跳跃转体和滑行的感觉。不过重新开始上冰到现在也有一个月了，我感觉练习强度已经到了'能上奥运赛场'的水平，应该没什么大问题。说实话，从受伤到现在，倒也没遇到特别痛苦的事。我只是一门心思做该做的事，并且达到了我所认为的极限，所以心里踏实得很，也不存在任何问题！现在我就想全神贯注，做好自己能做的事。"

这次记者招待会向全世界展示了羽生克服严重伤病、怀着"要以羽生结弦之名战斗、为胜利而来"的决心踏上平昌舞台的意志。

2月16日，平昌冬奥会男单短节目，羽生的精彩表现丝毫看不出他才从三个月的空窗期中复出。

在充满期待又紧张的江陵冰上运动场上，他神色极其冷静，看不出一丝亢奋。听到久违的欢呼助威声，他在心中感慨："我真的回到赛场了。"

当天早上的公开练习中，开场的后内结环四周跳频频失误，让他多少有点慌。但正式比赛时他起跳很稳，没怎么加速，把速度和力道都控制得恰到好处，在稳健的滑行中丝滑嵌入跳跃。

后半段的三周半跳也是干净利落，顺势接上后外点冰四周跳加后外点冰三周跳，再过渡到流畅的步法。他把《第一叙事曲》这首曲子从头到尾把控得妥帖自如，每一个跳跃和旋转的细节都严丝合缝。摒除了一切多余的花哨动作，简简单单地跟着钢琴声起舞，整个人透出一股清新感。

> "来到江陵后，训练中我有意识地限制跳跃数量，尤其是后内结环跳，身体有时候确实不太听使唤。因为训练中有意增加刺激，所以到了真正比赛时，身体倒是很配合。就算有段时间没在赛场上做跳跃动作，但我相信自己的身体仍然记得跳跃的感觉。阿克塞尔跳也好，后外点冰跳也罢，还是后内结环跳，它们都是多年来与我并肩作战的老搭档了，每一跳我都怀着感激之心去完成。"

在 GOE 加分方面，所有动作都得到了 2 ~ 3 分的加分，三周半跳更是拿到了完美的 3 分满分。最终他获得 111.68 分，逼近赛季初的秋季经典赛创下的世界纪录。羽生领先了第二名无失误的哈维尔·费尔南德兹 4.10 分，以第一名进入自由滑。

羽生结弦体会到了滑冰的幸福，表示自己没有考虑得分或排名，只是"在自己的状态下尽最大的努力"，这是他对这次时隔三个月重返赛场的感想。

> "秋季经典赛时，我感觉自己'熟练掌握了跳跃'，记得当时滑行

的时候一直在想受伤的膝盖。但今天完全没有这些顾虑，以最佳的状态完成了节目构成。我想用全身心去感受音乐，用自己的方式诠释曲目，也希望我的表演能引起观众共鸣，让大家能感受到我对音乐的理解。"

在第二天（17 日）的自由滑比赛中，面对连冠的压力，他依然保持冷静。在 6 分钟练习时没有成功的开头的后内结环四周跳和紧接着的后外点冰四周跳，比赛时都漂亮地完成了，GOE 加分都拿到了 3 分满分，并顺利衔接了后面的后内点冰三周跳。和短节目一样，他的跳跃干净利落，滑行细腻优雅。

"前半段滑得比较谨慎，主要是因为 6 分钟练习时的后内结环跳让我有点担心……但我知道只要能稳稳地落冰，凭借前半段的感觉就能把后面的跳跃也完成好。而且就像我昨天说的，不论是后内结环跳、后外点冰跳、阿克塞尔跳还是三周跳，这些都是练了很多年的，身体已经形成肌肉记忆了。只不过以右脚尖为支点的勾手跳是最具挑战性的，因此，不得不说'右脚真的很给力'。"

羽生赛后如此总结自己的表现。尽管后半段因为空窗期较长，体能也受到了考验。第一个后内结环四周跳加后外点冰三周跳完成得很从容，接着的后外点冰四周跳落冰不稳，没能接上原计划的三个跳组成的联跳。虽然他紧接着用三周半跳接后外结环一周跳加后内结环三周跳作为补救，但这部分表现略显吃力。最后一个勾手三周跳落冰时也有些混乱，好在努力稳住了。之后是气势十足的接续步和定级 4 级的联合旋转。当音乐止息时，羽生竖起右手食指，比了一个"1"。

"节目刚结束的时候，心里想'赢了'。记得上届索契冬奥会，自由滑结束了，我还在担心'能不能赢啊'，但这次我觉得'超越了自己'。"

羽生结弦自由滑得分为 206.17 分，位列第二。虽然不及陈巍 215.08 分的高分——他用四种六个四周跳的阵容彻底洗刷了短节目失误的遗憾，但羽生最终以 317.85 分的总分，超过宇野昌磨和哈维尔·费尔南德兹 10 分以上的优势，时隔 66 年重现奥运男单连冠。

节目后半段加入三个联跳，整体两种四个四周跳，这样的构成其实是在比赛当天早上决定的。

"倒不是我想跳或不想跳后外结环四周跳的问题，主要是这场比赛我是冲着冠军来的，如果拿不到金牌就没什么意义了。我觉得这次比赛的结果将会影响我的一生，所以非常非常重视，想尽全力去争取胜利。"

在平昌的特设会场举行了颁奖仪式后，羽生谈到了这次平昌冬奥会和索契冬奥会的不同：

"最大的区别是这四年间我的积累吧。跟索契那会儿拼尽全力的感觉不太一样，这一次有种使命必达的责任感，脑子里也有那么一点'要是错过了可怎么办'的想法。19 岁那年还觉得时间有的是，但这届奥运会给我一种'时间不多了，不知道还有几次机会'的紧迫感，可以说我更深刻地体会到了奥运会的意义吧。"

去年 11 月伤到右脚踝后，伤情比羽生预想的还要严重。刚受伤时，他甚至想打封闭针硬上 NHK 杯，但问题不仅仅是疼痛，脚踝也几乎无法动弹。不只是韧带，其他部位也出现了疼痛。在无法进行训练的日子里，他阅读了关于肌肉解剖学的论文，学习训练方法和规划，思考现在的自己还能做些什么。

时隔两个月后，到了 1 月他才重新上冰训练。到达江陵（2 月 11 日）的三周前，他才能跳三周半跳，而四周跳是在那之后。由于疼痛问题无法缓解，即便是在服用了止痛药的情况下，踏冰起跳时仍会感到疼痛。能够跳后外结环四周跳是从加拿大出发前的一天，而勾手三周跳也勉勉强强能够跳出了。

"但正因为我之前尝试过勾手四周跳和后外结环四周跳，所以即使面对这样的情况，也还有更多的备选动作。不断尝试高难度跳跃，给了我信心去完成这套节目。到目前为止，付出的每一分努力都没有白费。"

据羽生所说，他之所以要尝试更多种类的四周跳，"绝对是因为看到了金博洋选手的勾手四周跳"。在伤愈复出的赛季里，他之所以觉得非跳后外结环四周跳不可，是因为看到了一起训练的哈维尔·费尔南德兹的精湛表演。羽生内心中那股桀骜不驯的野性推动他不断进化，但与此同时，这也导致了严重的伤病。在平昌冬奥会上，他别无选择，只能带伤上阵。他告诉自己要冷静下来，在竭尽全力的基础上，想办法赢得比赛。

这是与内心较量的第二次冬奥会。他的表现证明了这四年来的成长。

平昌冬奥会结束三个月后，羽生回顾了那段艰难的征程。

"到目前为止，我确实经历了不少因为过度追求而导致的失败。但在平昌自由滑，后外点冰四周跳失误，没能完成联跳时，我脑子里想的是怎么去拼下那关键的零点几分。那一刻，我灵光一现，想到了后外结环一周跳加后内结环三周跳的方案。事实证明，这个选择是对的。如果没有之前的经历，我可能就没有勇气去拼那零点几分了。要是想着稳妥漂亮地完成跳跃，没准会选三周半跳加后外点冰三周跳吧。但我曾因为仅仅零点几分的差距赢得比赛，也吃过因此而输的苦头，所以才会做出这样的选择。总的来说，最后还是呈现了一套让自己满意的节目。"

对羽生来说，从索契到平昌的这四年，就是在探索"什么是自己的代表作，什么是自己的完美状态，要怎样才能展现出符合现在自己完美状态的节目"。最终他选择了曾创造世界纪录的《第一叙事曲》和 *SEIMEI*。羽生相信这两套节目可以让他在平昌这个重要的舞台上，呈现出自己当下的巅峰状态。

然而，现实是他不得不面对因伤病导致准备严重不足的状况，这多少让羽生有些郁闷。

"这话听起来可能有点怪，但自从受伤以后，我就完全放下了过去和未来，满脑子只有'在平昌拿出好成绩才是一切'。当然也有运动员不那么在乎比赛结果，毕竟花滑还讲究艺术表现。但对我来说，'奥运连冠'肯定是我人生中最重要的目标，我也希望以此为契机，探索更多的可能性。

"这种'只为当下'的纯粹态度，让我仿佛真的将未来和过去都抛诸脑后。不论是过去能够完成的勾手四周跳，还是在最佳状态下可能完成的后外结环四周跳，我都没有过多思考，只是倾注了自己全部的力量。那一次的表现，在某种意义上，是我全力以赴的表达……

"虽然自由滑发挥得不完美，但能放开摆出那个庆祝动作，大概就是觉得那已经是我当时能做到的最大限度了吧。"

其实，在 2014 年的索契冬奥会上，羽生也有一种"不拿金牌不行"的强烈想法。即便如此，对羽生来说，索契只是一个过渡点。他当时的想法是"如果这次夺了金，那么下一步就是再拿一个"。但在平昌取得好成绩，对他而言既是终极目标，也是最后的机会。正因为如此，羽生才笑着说："当那个目标近在咫尺，触手可及的时候，手还是会不自觉地颤抖啊。当时就是这样的心境。"

"我的内心已经决定，下一个目标不是北京，而是平昌。这是我从小就设定的人生目标。所以，该怎么说呢……外界的压力和对右脚踝伤情的担忧肯定都有，但来自过去的自己的压力更大。这让我感受到了极其强烈的紧张感。"

在平昌，除了夺冠，羽生眼里容不下其他。他分析说"可能是因为受伤"。

"如果没受伤，就会逼自己去尝试那些不跳也可以的跳跃，说不定还可能因为超负荷而破坏节目的完整性。"

虽然谁也不想在那种时刻遭遇重创，但这也给了羽生直面自我的机会。通过一场堪比与自身之间的"生死较量"那样的战斗后，他最终实现了自己的目标。

这一路走来的点点滴滴，无疑都推动着羽生结弦这位花滑选手不断向上、不断进化。

2018 年 2 月

23 岁
参加平昌冬奥会（以下 2 张）

平昌冬奥会
短节目《第一叙事曲》

Asami Enomoto/JMPA

无失误完成短节目获得第一名
奥瑟和布里安德两位教练上前迎接

Asami Enomoto/JMPA

平昌冬奥会
自由滑 *SEIMEI*

平昌冬奥会
自由滑 *SEIMEI*

Asami Enomoto/JMPA

自由滑后，食指指向苍穹，表示『我战胜了自己！』

Tsutomu Kishimoto/JMPA

男子单人滑 66 年来
首次实现奥运两连冠

Ryosuke Menju/JMPA

平昌冬奥会
表演滑

2018 年 4 月 22 日
在仙台市的
庆祝活动上

羽生結弦選手「2連覇おめでとう」パレード

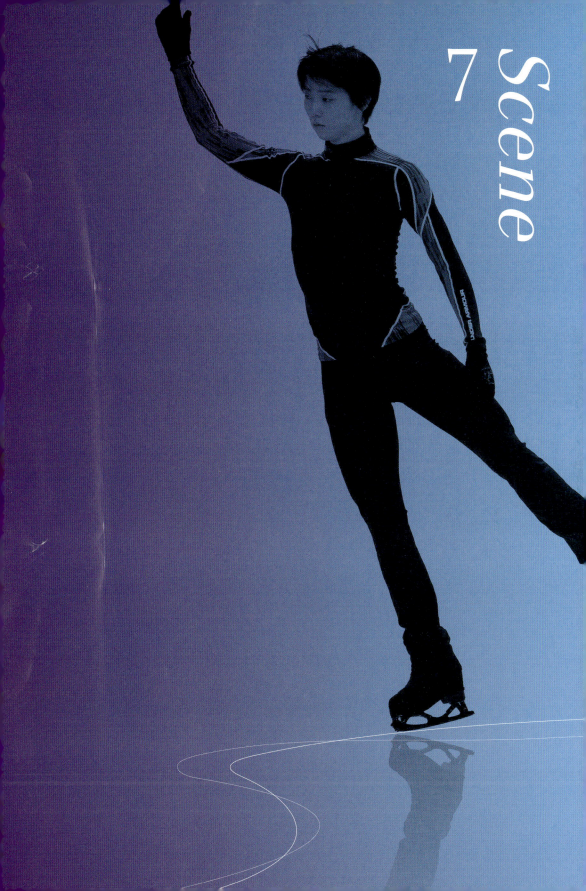

Scene

7

回归初心

2018 年

休赛季

在平昌冬奥会上实现奥运两连冠后，羽生"没有止痛药，就无法完成跳跃"的右脚，回国后被诊断为"右脚关节外侧韧带损伤、腓骨肌腱损伤"，迫使他宣布退出世锦赛。

两个月后，由他亲自策划制作的冰上表演"Continues with Wings"如期举行。

> "一开始我还以为自己顶多是挂个'羽生结弦制作'的名号，结果从节目单的设计到演出的编排……好吧，灯光我只管了自己那套节目，但从选手阵容、脱口秀内容，到周边商品的设计，各种细节我都参与其中，这远远超出了最初的预期。"

羽生在思考如何表达自己的感恩之情时，对冰上表演的命名给出了解释。

> "副标题'with Wings'取自羽生的'羽'字。而'Continues'

寓意'继承者'，我希望赋予冰演这一深刻的意义。希望大家通过欣赏演出，能够感受到'啊，这种情感、这样的表演跟羽生选手很相似'，哪怕只有一点点体会到我是如何传承这些东西就好，所以最后定了这个标题。"

羽生的这份心意同样体现在演出阵容上——小时候最仰慕的叶甫根尼·普鲁申科；不仅教会他编舞，还传授他如何诠释音乐、维持体态，甚至指尖都要灵动的杰佛瑞·布特尔；启发他旋转时手部动作处理技巧的约翰尼·威尔；从《歌剧魅影》起就给他编了三套自由滑、深刻影响了他独特艺术观的席琳·伯恩。

此外，还有自小学二年级起同受都筑章一郎教练指导，后来为继续滑冰独自远赴俄罗斯，也激励了羽生赴加拿大的双人滑组合川口悠子和亚历山大·斯米尔诺夫，曾一起练习跳跃、给他建议的前辈无良崇人以及启发他开始花样滑冰的佐野稔，大家都登上了冰场。

原本羽生只打算在脱口秀环节露面，但在首日终场前，他突然滑了出来：

"奥运会后我静养了三周，脚踝恢复得不错，已经可以无痛表演步法和旋转了。虽然还在康复中，不能跳跃，但希望大家能喜欢。"

他演绎的作品包括他形容为"我的根源，我滑冰生涯中的第三个节目"的青少年组时期的《来自俄罗斯的爱》，成年组第一年的自由滑《流浪者之歌》，以及他极为钟爱的《第一叙事曲》。

"平昌冬奥会前，当我进行步法动作时，有好几处会感到疼痛。静养一阵重回冰场后，我先是逐一确认步法，然后尝试旋转，到后来连跳接旋转都试了，发现全程都不痛了。于是我决定要在这场自己策划的冰演上，表演从小到大滑过的节目。我想让观众感受到'原来那时羽生选手是憧憬这位选手的啊'或者'某某选手的这些特质是这样传承给他的啊'。"

虽然和过去相比，羽生在步法、滑行姿态等表现手法上都有了变化，但在

演绎过去的节目时，羽生特意避免用自己现在的风格去诠释。为此他反复
观摩过去的录像，努力还原出当时的感觉。

> "用曾经的自己、曾经的意象去演绎，这或许是刻在身体里的记
> 忆，但这次尝试让我再次感悟到'表现的维度更宽广了'。我意识
> 到，当年的自己想要传达的东西，想要营造的意境，对后来的自
> 己影响至深。"

谈及新赛季，羽生发表了这样的言论：

> "奥运会结束后我一直在强调'成就感'和'幸福感'，也说过
> '今后会怎样还不好说'。但现在的我很想积极地参加比赛。不过
> 对于后外结环跳、后内点冰跳和勾手跳，现在甚至还没开始尝试
> 跳跃，所以得重新评估一下练习这些动作时的感觉，会有什么样
> 的疼痛。但此时此刻，我最强烈的愿望就是尽可能多地参赛，展
> 示自己的节目。这大概是因为看到这次冰演请来的那些伟大选手
> 的风采，深感自己还不够成熟，需要更加努力吧。"

这次策划制作冰演的经历，让立志再战的羽生感悟良多。在 5 月的
"Fantasy on Ice"演出上他说：

> "实际参与冰演后，我深深体会到，正因为有这么多人在幕后付
> 出，冰演才得以成功举办。真的学到了很多。而且作为冰演的演
> 员，我自己也会出场，也希望能更好地发挥大家的力量。无论是
> SEIMEI，还是《第一叙事曲》，我都能感受到音乐在为我的表演
> 营造意境，服装也在诠释我的节目。

> "冰演还包含着各种演绎的元素……比如'Fantasy on Ice'就有
> 和艺术家合作的环节，正是因为有了这些力量，我的节目才更有

深度。我不是想说'我想这样做，那样做'，然后就一股脑儿往上凑，而是想和大家一起沉浸到所有创作元素之中，共同打造作品。这个意象在我脑海里越来越清晰。"

"Fantasy on Ice 2018"于5月25日在幕张拉开帷幕。

"跳跃方面，我还在限制练习的种类，目前的康复阶段，可以跳阿克塞尔、后内结环跳和后外点冰跳，但只能够跳到三周跳为止。那些难度很大的起跳和落冰动作还没开始尝试。只要避免尝试奥运期间感觉最痛的跳跃——后外结环跳、勾手跳和后内点冰跳，右脚踝就不会痛。"

在谈到第二部分的大轴演出时，羽生表示自己与前年复出的 CHEMISTRY 合作，滑了他们的歌曲 Wings of Words，而自己面对这场演出的心境，也有了些许变化。

"冰演期间，我们往往在练习结束后一起吃午餐，而艺术家们恰好在那个时候进行合音彩排。虽然有点不好意思，但每次我都是边吃饭边听他们的彩排。我在想，音乐首先是有主唱的，但它也融合了小提琴、吉他等其他元素，是在各种不同组成部分的基础上构建起来的。在某种程度上，这和我们花滑运动员所秉持的'有音乐，才有滑冰'的理念不谋而合。

"因此，在这次学习的过程中，我也意识到歌声、钢琴等每个部分都蕴含着自己的情感、节奏和速度。我在思考如何让自己与之融为一体。有些地方做得不错，有些地方还有待提高，目前正处在不断尝试的阶段。虽然有点难度，但我一直在脑海里构思着。而且我依然觉得滑冰充满乐趣。从某种意义上说，我正在探索一片全新的领域。"

鉴于羽生右脚踝尚未完全康复，加上此次演出只有合作曲目，所以还是有很多值得思考的地方。

> "无论是竞技比赛，还是冰演中的表演节目，音乐通常就像一块平整的地面，花滑选手只需要在上面滑行，因此，节目的呈现完全是运动员自己的责任，是我的技术和想法构成了整套节目。但在合作演出中，由于涉及的元素更加丰富，仅凭个人的意愿和发挥是不够的。从这个角度来说，确实感受到了巨大的压力。

> "而且 CHEMISTRY 是两位在演唱，他们的节奏感和呼吸方式各有不同。我想，他们体内的节奏感肯定也各不相同。正因为这套节目是在两个人的对唱与和声中完成的，所以我不能过度倾向于任何一方，希望以羽生结弦的身份加入其中，三个人合作打造出一个立体的作品。所以我相信，从昨天到今天，再到明天，我们的表现一定会不断进步。"

在"Fantasy on Ice"期间，羽生与斯蒂凡·兰比尔进行了一番对谈。兰比尔表示：

> "从羽生的表演中，我感受到并学到的是，他总能将观众和音乐联结起来，创造出特殊时刻。所以观众回家后，脑海里会清晰地留下他的许多演出片段，就像我看完平昌冬奥会后，羽生的节目在我脑中久久萦绕一样。虽然编排一套节目要经历种种过程，但我认为最终目标就是创造那个'特殊时刻'。"

对此，羽生回应道：

> "我觉得对我而言，音乐和自己的表演是最重要的，但之后还有观众……再比如说这次'Fantasy on Ice'的特邀嘉宾。当所有这些

元素汇聚一堂时，我相信一定会呈现出一番独特的景象。最近我越来越强烈地意识到，观众是否会被感动，是否留下深刻印象，取决于他们怀着怎样的情感看待这个节目，了解演员的哪些方面……还有他们自身的人生阅历与感悟……正是这些因素交织在一起，才催生了所谓的感染力。所以，要想扩大这种感染力，如果表演者只是一个人在那儿嚷嚷'我就想表达这个！'，那最后就只能局限于个人体验了。因此，我最近特别想尽可能地贴近、融入更多人的生活和过往经历中去。我想这就是斯蒂凡口中的特殊时刻，这样的影响力将以清晰的印象长久留存。"

"Fantasy on Ice"在幕张的开幕演出中，羽生只完成了三周半跳和后外点冰三周跳，但此后他展现了惊人的恢复速度。紧接着在金泽公演上，他跳出了后外点冰四周跳。一周后在长野举办的冬奥会和残奥会 20 周年纪念活动"Heroes & Future 2018 in NAGANO"上，他重启了后外结环三周跳。在以步法和编舞为主的 3 分钟节目 Hope & Legacy 中，他不仅完成了后外结环三周跳，还串联了后外点冰四周跳加后外点冰三周跳、三周半跳加后外结环一周跳加后内结环三周跳，以及四个单跳的三周半跳。到了"Fantasy on Ice"后半程的金泽和神户公演，羽生在谢幕演出中更是跳出了后外点冰四周跳加三周半跳的高难度动作。

在实现了竞技生涯的终极梦想——奥运连冠后，羽生结弦正着手开启花滑人生的新篇章。

他在 8 月底于加拿大多伦多的公开练习中展示了新节目，选用的是他儿时最仰慕的滑冰选手的比赛曲目。

自由滑节目以偶像叶甫根尼·普鲁申科 2003—2004 年赛季自由滑曲目《献给尼金斯基》中的 Art on Ice 为基调，选取了三首中的两首曲子，取名为 Origin。短节目则选用了约翰尼·威尔在 2004—2006 年的自由滑曲目 Otonal。

"我希望自由滑能传达出'起源'或'开端'的含义，所以起了这个名字。普鲁申科的《献给尼金斯基》在我心中有着不可磨灭的地位。初次看到他滑这个节目时，我就被他塑造尼金斯基时的强大气场、优雅姿态，以及动作和跳跃与音乐的完美契合深深折服。

"诚然，自从开始接触滑冰以来，我就对这项运动充满了热爱，教练们也倾囊相授。但最初我并没有'要在这项运动上登峰造极'或'要拿奥运金牌'这样具体的目标。然而看到了普鲁申科、阿列克谢·亚古丁、本田武史在盐湖城冬奥会和之前几个赛季的出色表现，我才开始想'我也要成为这个项目的第一''我也要像普鲁申科那样拿金牌'。"

羽生回忆，从小学三年级到五年级时期的自由滑《来自俄罗斯的爱》开始，他就有意识地欣赏和学习俄罗斯式的演绎、故事和曲目。

"那个时候，教我的都筑章一郎老师的滑冰根基也来自俄罗斯，所以我的滑冰里融入了许多俄式的教导和表达。从这个角度讲，这套节目在某种程度上是我回归初心的尝试。"

"说到约翰尼·威尔的 Otonal，我们一直习惯称它为《秋日》，绝对是我滑冰生涯中印象最深刻的节目之一。最让我震撼的是他身为男子选手却展现出的那种中性之美。我觉得这就是他最迷人的地方——跳跃落冰后的行云流水，优雅从容的姿态，还有动作与音乐的完美融合，这些都让我萌生了想要像他那样跳跃和滑行的愿望。正是受到他滑冰魅力的启发，我才开始尝试在旋转中加入手部动作，探索更加柔和的表现力和节奏感。这首曲子成为我探索这些新表现方式的起点。"

平昌冬奥会结束后不到一个月，伤病让羽生无法上冰，那时他开始思考：

"也许我不必再那么执着于输赢了。"他同时也在想："是不是可以为自己而滑了？"于是，羽生决定选择这两首从小就憧憬、渴望表演的曲子。他在"Continue with Wings"节目中与参演的他们两位分享了这个想法，两人表示"真的很高兴""加油"，爽快地答应了。

"我内心一直有种压力，觉得必须展现自我风格，满足外界期望，取得好成绩。但现在，我放下了这些……之所以开始滑冰，是因为它让我感到快乐。而追逐梦想的过程中的那份快乐也让我深深着迷。回想起那些快乐时光，以及这一路走来的艰难岁月，我产生了一种想要'回馈'自己的念头，想做些让自己感到满足的事，所以就选了这两首曲子。

"当年的我看着普鲁申科和威尔的表演，一边想着'真想用这首曲子啊'去滑行，一边听着音乐享受着滑冰的乐趣。所以我觉得如果真的用上这些曲目，一定会非常开心。也正因如此，我想我应该可以真正回归初心，享受滑冰，为自己而滑。"

谈到即将开启的新篇章，羽生脸上洋溢着灿烂的笑容。

"与其说是竞技生涯，倒不如说我感觉自己的滑冰人生迎来了新的开端。迄今为止，夺取奥运金牌对我来说非常重要。在奥运会上取得胜利一直是我最大的目标，也是一直以来激励我前行的动力。所以现在，我有种失去了那个强大动力的感觉。

"说起来，在索契冬奥会夺得金牌的时候，真的觉得特别累，都想过要退役了，心里想着'是不是可以到此为止了呢'。但从小我就一直梦想着要在平昌冬奥会夺冠，从那时起，奥运连冠就成了我的目标。所以在平昌冬奥会实现了连冠之后，我心里想的是'啊，终于结束了'。只不过，心里还是有一点不痛快……我觉得，那可能是对四周半跳的执念吧。"

奥运会后，怀着这样复杂的心情，羽生结弦在冰演中与普鲁申科、威尔等人相处的过程中，内心也产生了一些变化。

"我不仅和普鲁申科、威尔，还和斯蒂凡·兰比尔、杰佛瑞·布特尔等诸多滑冰选手一起合作演出。不过，不管是作为滑冰运动员，还是作为一个普通人，和他们比起来，我真的感到了巨大的差距。这可能和年龄有关，也可能是他们的阅历给他们带来的成熟感……我并不认为自己与他们在同一水平线上。

"不过今年夏天，我参加了好多场冰演，切实地感受到了他们把我当作同等级的选手来看待。他们好多次跟我说'在奥运会上两连冠，真是太了不起了'。这对我触动很大，关系到我对自己获得奥运连冠这件事的自信。不过，虽然获得这样的肯定，对我的自信心有所帮助，但说到这次选择这些曲目，我只是单纯地想要好好珍惜从小就有的那份想要滑冰的心情。就是这么一个念头。"

羽生结弦选择了自己一直憧憬的两位滑冰选手的代表曲目，构思了自己的节目。

"以前我总想着要吸收普鲁申科选手这个地方的特点，再汲取威尔选手那个部分的风格……哪怕不是自己的风格，我也觉得把自己尊敬的前辈们的各种特点融合起来，就能成为自己理想的风格。但从去年赛季开始，我好像终于找到了属于自己的风格……就像之前的表演滑《春天，来吧》《天地安魂曲》，感觉自己的特色终于能体现出来了。因此，这次我想在尊重前辈们节目的基础上，加入自己的风格，带着对他们的敬意去尝试演绎。不过，现在我心里也在想，干脆就按自己喜欢的方式去滑吧（笑）。这也许才是最棒的！因为此刻我有一种巨大的成就感，想要率性地追随内心的感受，去简简单单地实现儿时心中的梦想。所以现在的我，怎么说呢，感觉仿佛重新变回了孩子。"

说到这里，羽生结弦笑了，一脸轻松的表情，准备开始新的滑冰生涯。

在『Continues with Wings』上

2018 年 4 月

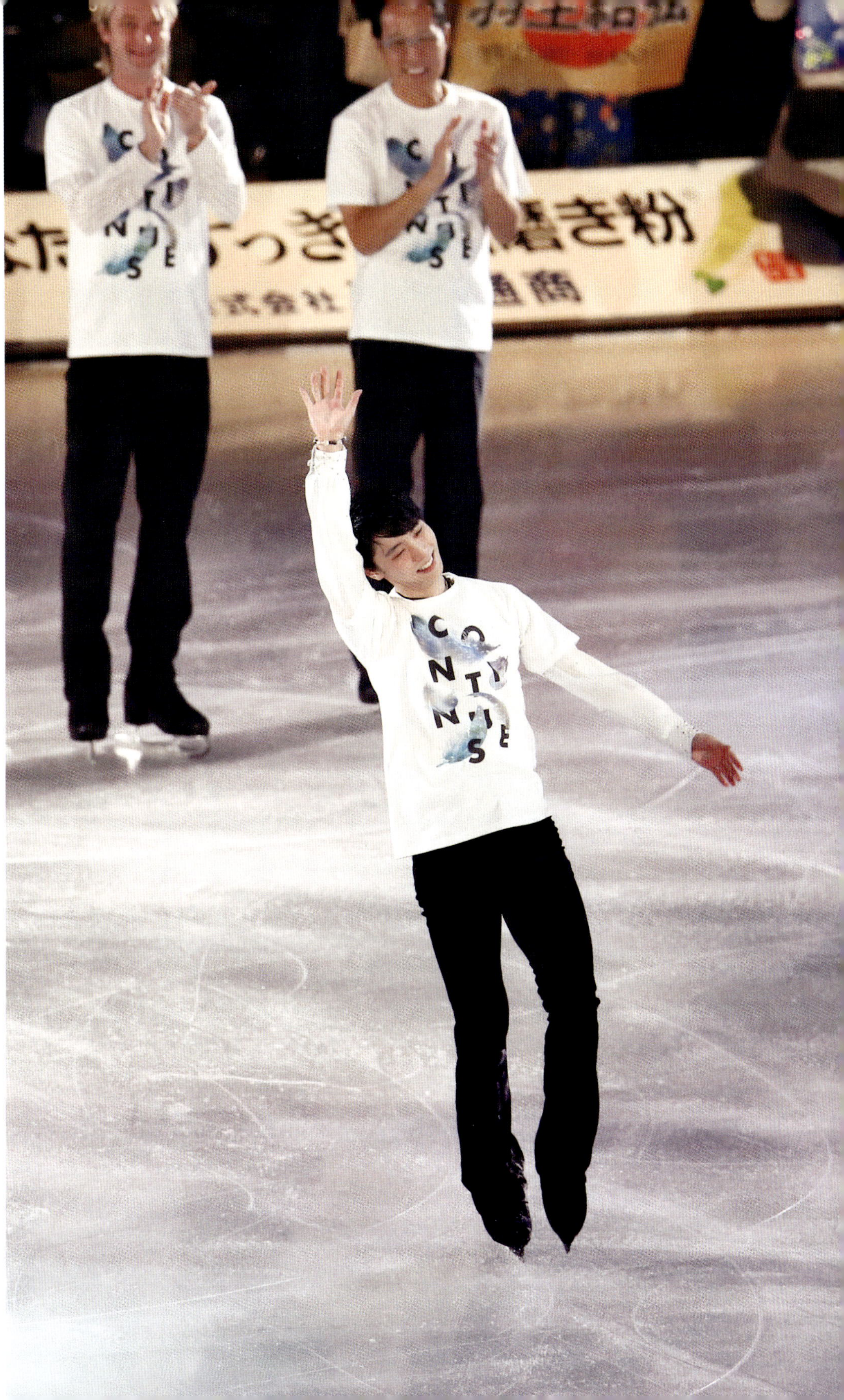

2018 年 8 月

在多伦多蟋蟀俱乐部
公开练习（前后 4 张）

在多伦多　2018年8月

Scene 8

再燃之火

2018—2019 年

赛季前半段

平昌冬奥会后，规则发生了变化，男单和双人滑自由滑的时间缩短了 30 秒，男单的跳跃次数也减少了 1 次，变为 7 次。以前后半段的跳跃可以获得 1.1 倍的基础分，而在新规则下，短节目中只有最后一跳能获得更高基础分，自由滑则仅限最后三跳。此外，GOE 的加减分范围扩大到了 ±5 分，从之前的 7 个等级评分增加到了 11 个。

在迈向新赛季的第一站比赛——秋季经典赛中，羽生结弦留下了些许遗憾。

谈到短节目，他说："今天比赛的核心就是，一个一个动作认认真真地去感受，去滑行。"他在最初的后内结环四周跳和三周半跳上展现出了干净利落的滑行。

> "连续两个后外三字步进入后内结环跳，有点像在模仿哈维尔·费尔南德兹。他对我来说是个重要的人，所以我吸收了他的一些特点。从捻转接阿克塞尔跳虽然是我自己的风格，但确实也受到了很多人的启发。"

"在第三组后外点冰跳的联跳时，因为第一跳没跳好，为了完成联跳花费了更多力气。那时候注意力有点分散了。毕竟比赛的紧张气氛还是很强烈的，时隔许久重返赛场，在专注跳跃的同时，内心也充满了紧张和恐惧……这些感受伴随着我滑完了全场。"

正如他所说，后外点冰四周跳加后外点冰三周跳显得十分吃力，而跳接燕式旋转后的蹲踞式旋转因为跟跄进入，被判定为零分。再加上第三组的联跳被判定为在节目前半段完成，没能获得基础分加成，羽生结弦最终以97.74 分开始新的征程。

第二天，他迎来了节目时间缩短 30 秒后的首次自由滑。

"可能有人觉得少了一个跳，比赛会轻松些。但如果是三周跳，从助滑到落冰需要 10 秒才能完成。实际上也就是说节目减少了 20 秒，这样一来比赛的节奏反而变得更加紧凑和忙碌了。"

伴随着呼啸的风声，羽生那让人不禁联想到"生命的觉醒"般的滑行开始了。第一个后外结环四周跳勉强落冰。不过紧接着利落流畅的衔接动作之后，后外点冰四周跳获得了 3.99 分的高额加分，接着是联合旋转和接续步，整个过程行云流水般顺畅。

然而后半段的后内结环四周跳摔倒之后，紧接着的后外点冰四周跳只跳了两周。之后的三周半跳虽然和后外点冰两周跳组成了联跳，但最后的三周半跳落冰不稳，联跳也只完成了一个。尽管以总分 263.65 分获得冠军，但16 岁的同门师弟韩国选手车俊焕仅以 3.87 分之差紧随其后。

"后半段的后外点冰四周跳本想和三周半跳组成联跳，如果成功的话还打算再来个后内点冰三周跳加后外点冰三周跳，其实没怎么考虑战术。节目是用我真心想滑的曲子编排的，尽可能把我现在能做到的都放了进去。这套节目就是想表达滑得开心就好的心情。虽然这次比赛侥幸地拿到了第一，但我意识到，对于自己想要呈现的这套节目，我的实力还远远不够。要滑出让自己满意的表现，练习强度还需要加大才行。"

关于这次特别在意的后外点冰四周跳加三周半跳，羽生解释说：

> "我才不在乎什么世界首次，那些对我来说无所谓。现在我可以不被分数束缚，自由地表演了。所以与其在意能得多少分，不如思考一下我现在最强的联跳是什么——那当然是后外点冰四周跳加三周半跳了。这也是我有意尝试它的原因。"

这个联跳在 2018 年的规则下按照连续跳评分规则打分，基础分是两跳分值相加再乘以 0.8。即便如此，因为这套节目用的是自己所憧憬和敬重的选手的曲目，与分数无关，考虑的只是想加入现阶段最拿手、最高质量的技术动作。

羽生结弦怀揣着这样的想法去表演，虽然首战成绩不尽如人意，但正如之前三次大赛一样，这次的经历同样成为他向前迈进的契机，让他收获颇丰。

> "虽然没有特别强烈的感觉，但参加这次比赛对我而言最大的收获就是'想要在比赛中获胜'的欲望变得更加强烈了。奥运会结束之后，我或多或少有些放松，现在那份热情又回来了，感觉自己的斗志被重新点燃了。"

要继续竞技生涯，就必须始终保持运动员的心态。这次比赛让羽生再次切实地认识到了这一点。

内心被重新点燃的那簇火，最终在大奖赛首站——11 月 2 日开始的芬兰站——中展现了出来。

为备战芬兰站，羽生结弦对节目构成进行了调整。谈到短节目将联跳安排在后半段的原因时，他说："正如我在秋季经典赛时提到的，因为必须赢。"

> "但我觉得，无论如何都不能放弃自己想通过这首曲子传达的东

西……尽管很有挑战，但我还是把以后外点冰四周跳起跳的联跳稍做调整，放到了后半段，并把除了跳跃之外的所有元素也都安排在节目后半段。毕竟跳跃结束后，我能更好地投入感情，从某种意义上讲也得到了释放。我也强烈意识到，想通过这种方式释放自己的情绪进行旋转和接续步。"

之所以把跳跃集中在曲调舒缓的前半段，是因为羽生曾观看过约翰尼·威尔的表演，他流畅优美的跳跃落冰给羽生留下了深刻印象。羽生的目标是，在曲调静谧的前半段完成同样柔和而不拘谨的跳跃，在曲调激昂的后半段则用旋转和步法来表现自己的情感。

自由滑的构成也有所变化，第二跳从后外点冰四周跳改为后内结环四周跳，而后半段开始的第一跳，从后内结环四周跳加后外点冰三周跳变成了单跳的后外点冰四周跳。在最后三个能获得 1.1 倍基础分的跳跃中，羽生编排了后外点冰四周跳加三周半跳、后内点冰三周跳加后外点冰三周跳、三周半跳加优勒跳加后内结环三周跳。

"最重要的是，联跳中不再需要加一个后外点冰两周跳了。虽然训练中遇到了不少难点，但我相信凭借刻苦攻克，现在能够从容应对比赛。后内点冰三周跳加后外点冰三周跳，我从青少年组就开始练了。因为勾手跳对脚的负担还有点重，所以改成了后内点冰跳。尽管最后三跳里既有四周跳，又有三周跳加三周跳的配置，但我还贪心地想再来两个三周半跳呢……于是我想，那就只能在后外点冰四周跳后加上三周半跳了。"

带着这样的想法，羽生结弦参加了比赛。关于短节目，他说："6 分钟练习的第一跳非常漂亮，但之后慢慢开始乱了。不过我还是相信只要一站上赛场就能发挥好。"凭借后内结环四周跳获得 4.30 分的高额加分后，后半段的后外点冰四周跳加后外点冰三周跳中，三周跳落冰有些不顺，加分较少，步法也仅为 3 级，但最终依旧以新规则下的世界最高分 106.69 分位居第一。

羽生编排的跳跃全都是他擅长的。因此，他很清楚，要想大幅提高分数，必须完美地完成每一跳。

> "目前这个分数或许还不是我的最佳水平，如果能放心大胆地去跳，比如减掉一些大一字、捻转或双三字步，我觉得能有更多选择的余地。但这套短节目我已经相当熟练了，而且我也不想把它编成主要目的就是完成跳跃、衔接动作少且起跳助滑特别长的节目。所以我宁可冒点风险，也要尽力在比赛中稳定地投入感情。"

第二天的自由滑事关羽生结弦自升入成年组以来从未得手的大奖赛首站冠军。"虽然在短节目前感到非常紧张，但在今天的自由滑前，我想着'或许短节目也有优势'，所以心态上相对轻松了一些。"但在当天早上的公开练习中反复跳跃的后外结环四周跳，最终因周数不足，落冰略显吃力。紧接着的后内结环四周跳虽然完成得不错，但似乎刻意控制了滑行速度。对此，他给出了以下解释：

> "这个冰场的冰面不太适合刃跳，我遇到了一些困难。来这儿之前，我练习后外结环四周跳几乎没有失误，所以刚到这个冰场时确实有点惊讶，很难调整状态。不过最后在今天早上的公开练习里，我有点意识到'只要不追求速度的话，就能跳出来'。所以对于刃跳，尤其是后外结环跳，我有意降低了速度，更谨慎地去跳。"

由于原定的中国站取消，羽生参加了这场替代赛事。自由滑后半段第一个后外点冰四周跳周数不足，他很看重的后外点冰四周跳加三周半跳也因落冰有些打滑，被扣了 0.14 分。从那之后，他没有再失误，自由滑得到了190.43 分，总分 297.12 分，赢得了冠军。面对意料之外的冰场状况，羽生找到了应对之策，这也是他有能力完成高难度节目的原因所在。

"除了青少年组大奖赛，我一直没能在大奖赛首站夺冠，所以这次很开心。当然，比赛中不乏周数不足、不够稳定的跳跃，自己的旋转还有很多不足之处，有些地方也不够专注。虽然发挥并不完美，但短节目和自由滑都没出现重大失误，能够保持跳跃动作稳定，我觉得这是一个很大的收获。"

羽生回顾比赛时提到了他很看重的后外点冰四周跳加三周半跳。

"虽然没被判为周数不足，勉强算成功吧，但在我看来，只有获得了充分的加分，才算是真正的成功。我对三周半跳有很深的执念，非常想在节目后半段放两个三周半跳，所以才选了这个跳。但如果得不到 GOE 加分，也就没意义了。这个赛季看了自己的得分，我再次意识到 GOE 的重要性，不能只是'完成所有跳跃'，而必须是'所有跳跃都完成得非常完美'。"

尽管如此，他总结道："在获胜的同时也发现了很多需要解决的问题，这很有意义。"而此前的秋季经典赛成为重要的契机。

"我觉得在那场比赛中收获良多，也再次深刻体会到比赛确实能让人成长许多。秋季经典赛前，我一直在练习四周半跳，但那场比赛的结果让我意识到，'现在不是专攻这个的时候'。虽然我想在本赛季尝试四周半跳，但眼下还是专注于在短节目和自由滑中追求完美的演绎吧。必须在比赛中获胜已经成为我滑冰的重要意义所在，而漂亮地完成节目并夺冠，也是我向约翰尼和普鲁申科表达敬意的方式。听说约翰尼昨天看了我的短节目，我太感动了，但那并不是一次完美的发挥。我会努力尽快用这套节目呈现出我心目中向往的花滑。"

面对两周后的俄罗斯站，羽生志在必得地说：

"虽然再提高节目完成度可能有难度，但能否重现甚至超越上一场的表现，对我而言，既是挑战也是值得追求的目标。"

抵达莫斯科的次日上午，在公开练习中，对于在芬兰站中遭遇困难的后外结环四周跳，羽生显得有些焦虑。练习的后半段，他连续五次尝试，首跳很完美，但之后几次他变换滑行路线、降低速度，结果或用手触冰或摔倒。不过，从他的表情中看不出任何犹豫或迷茫。

"我一直在思考，怎样才能跳好后外结环跳。开始成功的那一跳，感觉更多的是靠意象跳出来的。但我不想只凭感觉，而是要用特定的方式起跳，所以试着改变了速度。依靠意象跳固然重要，但我在想如何确保在这里能稳定地完成，练习时一直在琢磨这个。"

说这番话的羽生，在练习途中还跑到场边，向塔提亚娜·塔拉索娃女士问好。本赛季的短节目用的曲目 Otonal 是约翰尼·威尔在自由滑中使用的，而编舞则出自塔拉索娃女士之手。

"练到一半时，我注意到塔拉索娃女士来观摩了。热身时，普鲁申科的教练阿列克谢·米申也在，我也去打了个招呼。我对滑冰的热爱，在很大程度上要归功于他们。并且正因为他们在场，我再次意识到必须认真地展现出最富有个性的表演。"

如此回顾自己滑冰起点的羽生结弦，在次日（16 日）的短节目里，展现了比在芬兰站时更高完成度的表演。首跳后内结环四周跳凭借锐利流畅的跳跃质量，获得了 4.30 分的加分。随后的三周半跳以及在芬兰时感到遗憾的后外点冰四周跳加后外点冰三周跳，也都得到 3 分以上的加分。旋转与步法全部达到 4 级，毫无纰漏的表演令他以 110.53 分遥遥领先第二名 20 多分，排名第一。

"后内结环四周跳不仅分数令我满意，感觉也很好。虽说在公开练习时没成功，但这次落冰后立即接了个外勾，用自己满意的方式衔接了动作，所以我非常满意。"

不只是跳跃，后半段饱含情感的滑行也吸引了观众。

"这次的目标是 106 分，如果能取得与芬兰站相当的分数，我觉得自己会很满足，也算是努力了。按照现行规则，GOE 的多寡很关键，我认为这是个积极的导向。但就目前的节目构成而言，我感觉这次的得分可能已经是极限了。虽然来俄罗斯时，我计划集中精力在跳跃上，但今天比赛时我的注意力更多地放在了表现力上。这套短节目注重表演的每个细节，如指尖的动作等，从这个角度来看，我觉得值得肯定。"

在观众席中，还有之前在俄罗斯帮助他改编成年组第二赛季自由滑《罗密欧与朱丽叶》的编舞伊戈尔·博布林夫妇。比赛结束后，他们在前排起立，为羽生热烈鼓掌。

"意识到这些人也在现场观赛，我想这也是我在演绎中倾注饱满情感的原因之一。"

继完美的短节目之后，大家对羽生能否在自由滑 Origin 中呈现一个同样完美的演出寄予厚望。毕竟在前一场芬兰站比赛中，他的这套节目只有细微的失误。然而，第二天的练习中，意外发生了。

在上午的公开练习中，羽生先是漂亮地完成了后外点冰四周跳和后内结环四周跳，可当他尝试后外结环四周跳时，右脚一滑，意外地摔倒了。之后，他又尝试了几次，却在合乐练习时，跳后外结环四周跳再次摔倒，导致右脚踝受伤。

那一刻摔倒时发出的尖锐"咔嚓"声，甚至清晰可闻。羽生躺在冰面上许久，才缓缓起身。他站起来后，似乎陷入了沉思，在冰面上慢慢滑行，音乐还未结束时向观众致意后便离开了冰场。

> "合乐的时候摔倒，我就知道'完蛋了'。从那时起，我就开始确认情况，一边在冰上移动，一边想接下来该怎么办，是不是要尝试新的跳跃动作。"

队医的检查结果是，下胫腓前韧带等三处可能挫伤，建议静养三周。这意味着他能否参加随后的大奖赛总决赛和全日本锦标赛都成了未知数。即便如此，羽生还是决定注射止痛针，勇敢参赛。他对这一决断给出了以下的解释：

> "我想了想现在最想做的事和可以割舍的事，决定以'这是唯一的机会'的心态参加比赛。医生说'现在比赛的话伤势会加重'，但毕竟这次比赛是在俄罗斯，而且到目前为止，我付出了很多努力，实在'不甘心就这样放弃'。我也想展示一下训练的成果，哪怕一点点也好。"

羽生还提到，备战这次比赛的过程并非一帆风顺，也经历过无法集中注意力、事倍功半的时期。

> "那段时间我就在想，练习方式要更可控一些。比赛后状态下滑得厉害，得想办法尽快恢复。凡事不能急于求成，练习强度要适度。我试图通过平衡的方式控制训练计划，现在看效果还不错。"

羽生希望这种特别调整的方式能通过这场比赛的胜利，以看得见的成绩来证明。当然，他也有一股不愿放弃眼前胜利的强烈斗志。

陷入困境的羽生在遭遇意外事件后马上思考跳跃的构成，把原计划的四周跳次数从四次减少到三次，并执行两次三周半跳。

在自由滑中，开场的后内结环四周跳和后外点冰四周跳都非常漂亮，分别获得了 3.60 分和 4.34 分的高额加分。之后的联合旋转、定级步法和后外结环三周跳也都没有失误。接着，他把原定的一个后外点冰四周跳更改为后内点冰三周跳，随后以后外点冰四周跳作为三个跳组成的联跳的起跳，虽然由于第一跳落冰不稳导致优勒跳被降级，但还是成功接上了后内结环三周跳。然而，之后的三周半跳因为周数不足而摔倒，最后一个三周半跳也跳成了一周跳。

"虽然难度降低了，体力够用，但最后还是有点虚。"

尽管如此，他的所有旋转包括最后两个都定级 4 级，以 167.89 分获得了自由滑第一名。虽然满身伤痕，但他还是以 278.42 分的总分，实现了成年组大奖赛的首次连胜。

羽生说，花滑运动中"受伤康复并不意味着一切都结束了"，能否恢复正常训练，能否重现自己理想的滑冰状态才是关键。考虑到接下来的大奖赛总决赛和全日本锦标赛，他能以最佳状态参赛的可能性非常低，所以这次拿到俄罗斯站冠军的机会，他必须抓住。

从冰场下来后，塔拉索娃女士过来安慰羽生，羽生跟她说"对不起"。"塔拉索娃女士安慰我说'你已经很努力了'，但我觉得自己本该滑出能让她由衷赞叹'太棒了！'的表演才对。"羽生苦笑着说。

"这一站是我升入成年组后出场的第一个赛季所在地，也是第二年（2011 年）大奖赛首次夺冠之地。虽然这次普鲁申科没来，但塔拉索娃、亚古丁等那些激发我滑冰热情的人都来了。这个赛季，我的自由滑节目构成已经基本完成，所以特别想在这里好好发挥。虽然结果让人遗憾，但考虑到现在的状况，我觉得自己已经尽力了。"

羽生以他特有的坚毅展示了一次令人印象深刻的表演。但同时，他也坦言：

"让我特别不甘心的是，自从去年 NHK 杯后，右脚踝的韧带变得更加松弛了，即使是小小的碰撞也可能导致严重的伤病。但这也是身为羽生结弦的我所要面对的现实。以这样的方式摔倒，说明我的技术还远远不够。我需要接受这样的脆弱，今后不断积累，努力展现更强大的表演。"

继上个赛季后又受重伤，羽生不得不进入长期的休养期。他必须在没能充分练习即将完成的节目的情况下，迎接四个月后的世锦赛的挑战。

Scene 9

强大的对手

2019 年

世界锦标赛

2019 年 3 月 20 日，羽生结弦在埼玉超级竞技场出战世锦赛，这是他时隔两年争夺第三次世界冠军。尽管右脚踝受伤，但幸运的是，相比去年的平昌冬奥会，这次他有多出一个月的时间进行调整。此外，他还将在平昌冬奥会积累的宝贵经验转化为了本次比赛的优势。

"对我来说，本赛季最重要的比赛就是世锦赛。去年最重要的比赛是冬奥会，尽管准备时间比这次少了一个月，但我还是以一种让自己比较满意的表现夺冠了，这给了我很大的信心。包括没有参赛的那段日子，我都在思考该如何调整心态，如何度过每一天。我已经领教过伤愈归来有多艰难，所以这次备战期间，心理上也轻松了不少。"

大奖赛俄罗斯站上滑自由滑是一个重大的决定。正是通过那次比赛，他感受到内心深处的激情被全面点燃，仿佛心中长期积压的烦恼得到了释放。这种感觉使他能够带着一颗更加轻松的心，朝下一步迈进。

"我大概是在三周前恢复练习后外结环四周跳的。当时差不多每五十次能完成一次，我就开始一点点提高每个动作的完成度。在强化右脚踝力量的同时，与奥运会时相比，这次有种强烈的使命感，觉得'一定要跳出后外结环四周跳'。我努力训练能够完成后外结环跳所需的肌肉力量，感觉比赛所需的体能也提升了。"

带着这份自信参加的 21 日的短节目比赛，首个后内结环四周跳跳空了，以 0 分开场。

"我承认自己可能有点太想表现了。我当然很想不辜负支持我的人的期待，对这套节目也有着非常强烈的感情。最重要的是，由于在俄罗斯站的出色表现，所以特别想超越上一场的表现，可能有些过于贪心了吧。"

Otonal 虽然在赛季初的秋季经典赛上还有些瑕疵，但在大奖赛芬兰站时，羽生结弦就以零失误的完美演绎获得 106.69 分。接着在俄罗斯站，他更是拿下 110.53 分的高分，并表示"这已经是这个节目能够达到的最高分数了"。此次，他要做的就是将这套节目打磨到极致。这是击败宿敌陈巍并夺冠的关键。

赛前的准备非常充分。比赛前一天下午的公开练习中，羽生结弦上冰不久，刚过 3 分钟就开始表演短节目，精准地完成了后内结环四周跳。紧接着跳出三周半跳和后外点冰四周跳加后外点冰三周跳，再加上两种旋转和步法，最后换足联合旋转收尾，整个短节目滑得滴水不漏。

然而，在比赛前的 6 分钟练习中，不安的情绪却悄然而生。

"6 分钟练习的时候，我总是找不准跳跃的时机。稍微调整了一下滑行路线，结果第一个后内结环四周跳就失误了……实际上，我只在第二次尝试中成功了一次，这多少让我有点慌。那种感觉就像索契冬奥会自由滑的 6 分钟练习时一样。说实话，后内结环四周跳不热身都能跳，短节目也是我有把握完美呈现的。但我还是给自己制造了不必要的焦虑。我反思了一下，觉得自己没有很好地吸取索契冬奥会自由滑的教训。失误之后，久违地感到脑中一片空白，满脑子只剩下要拼尽全力。也正因为如此，我才觉得后半段的后外点冰四周跳加后外点冰三周跳必须成功。"

这样说的羽生结弦虽然在首个后内结环四周跳时跳空成两周跳而未能得分，但随后的技术动作都无误地完成，旋转和步法也都达到了 4 级，没有任何失误，最终得到 94.87 分。但与零失误完成节目的陈巍相比，羽生落后了 12.53 分，排名第三。

不过回看这次后内结环四周跳的失误，其实是他不小心滑进了 6 分钟练习时自己在冰面上压出的冰沟中导致的。说到底还是因为羽生结弦对滑行轨迹的精准控制能力太强，才会遇到这样不走运的失误。

尽管开局不尽如人意，但面对即将到来的自由滑，羽生结弦还是充满斗志地说："我觉得自己拥有丰富的经验，我想充分利用这些经验。"不过他对 23 日的自由滑表现出一丝紧张，尤其是对后外结环四周跳。

20 日，在副冰场的练习中，他在起跳后外结环四周跳的瞬间，冰刀打滑摔倒了。与勾手跳、后内点冰跳等刃跳跳跃相比，后外结环跳、后内结环跳等刃跳更容易受到冰面状况影响，这也让他倍感紧张。从短节目后第二天的公开练习开始，他就花更多时间练习后外结环四周跳。自由滑当天公开练习结束后，他还和布莱恩·奥瑟教练、吉斯莱恩·布里安德教练一起反复观看录像，进行了长时间的讨论。

"到了这里之后，后外结环四周跳的感觉其实还不错，跳得也挺好。但最担心的就是在合乐时跳不出来。而且就算后外结环四周跳成了，后内结环四周跳可能会失败；反过来，后外结环四周跳失败了，后内结环四周跳却能成。这在平时练习中也经常遇到……今天我本来想专注后外结环四周跳的，但最后决定还是兼顾后外结环四周跳和后内结环四周跳，想着只要后外结环四周跳完成了，就马上去跳后内结环四周跳。"

在这次表演中，开场的后外结环四周跳完成得很稳定，获得了 3.45 分的加分。9 位裁判中有 5 位给出 3 分，尽管也有 4 分和 5 分的高分，但还是有一位裁判只打出 1 分。紧接着的后内结环四周跳因为周数不足落冰不稳，被扣了不少分。此后他很快冷静下来，每个动作都得到了高额加分，顺利完成了剩下的滑行。最终他得到 206.10 分，总分 300.97 分，本赛季首次突破 300 分大关。

这个成绩虽然超过了他在芬兰站创造的修改规则后的世界纪录，但正如他所说，"只比 300 分多一点恐怕是赢不了的"。果然在他之后出场的陈巍延续短节目的完美发挥，以 323.42 分获得冠军。羽生结弦排名第二。

> "除了后外结环四周跳，我对其他所有的跳跃都很有信心。虽然在输了以后这么说可能不太合适，但从刚进场馆开始我就感觉状态特别好，之前练习时也一直都是零失误，所以我有种感觉，只要后外结环四周跳完成了，整套节目就能完美呈现。"

然而，短节目中因为"过于紧张"导致的不幸失误，还是多少扰乱了他的节奏。

赛后，羽生说道："我觉得这次即便短节目和自由滑都零失误，可能还是赢不了。"但他内心其实还有另一番想法。

陈巍在 1 月的全美锦标赛中，无失误地完成了包含后内点冰四周跳和后外点冰四周跳的短节目，以及包含三种共计四个四周跳的自由滑，还提高了一直以来较弱的三周半跳的成功率，总分高达 342.22 分。不过，对比此前的国际赛事成绩，这个分数估计在 324 分左右。

羽生心里也明白，以自己之前的成绩，拿到这个分数也并非不可能。如果短节目能领先的话，说不定还能给对手施加些压力。只可惜，现实并没有如他所愿。

自由滑后的次日，羽生结弦笑着说：

"平心而论，平昌冬奥会后我一度有些迷茫。这个赛季刚开始的时候也感觉有些浮躁，似乎缺乏一个明确的目标，一直在思考自己该做些什么。但现在，随着赛季的深入，我渐渐明白了自己的初衷，也重新体会到了竞技体育的乐趣。面对强劲的对手时，内心会涌现一种'心跳加速'的感觉。在享受这种感觉的同时，也更渴望赢得胜利。所以，我也在考虑跳四周半跳。"

羽生结弦表示，今后想挑战更多种类的四周跳，"具体想尝试哪些，现在还不能明确"，不过他也曾苦于刃跳跳跃，也透露"今后可能还要加入不容易受冰面状态影响的点冰跳"。

"关于右脚踝的状况，我们已经做了很多讨论，其实并不是做个手术就能解决的问题。自从上次经历严重的伤痛之后，我明显感觉到哪怕是轻微的冲击也可能造成伤害，而且伤情会比之前更严重。这个赛季的伤和平昌冬奥会前完全不同，明显恢复得更慢，情况也更糟。这次真的让我切身体会到，考虑到脚踝的耐久度和寿命，必须在承担风险的同时开展训练。

"至于勾手四周跳，这本就已经是我会的跳跃，而且现在肌力恢复了很多，甚至更强了，我觉得集中练个一两周，差不多就能恢复到每几十次就能成功一次的水平。但对我而言，与其担心比赛失误的风险，不如更慎重地考虑受伤的风险，这才是有难度的地方。不过，我还是很有干劲的！"

尽管这次备战世锦赛的训练强度比平昌冬奥会前更大，但是在服用强力止痛药的情况下坚持下来的。他之所以决定退出4月的世界团体锦标赛，就是为了专心治疗伤病。显然，羽生早已将目光投向了即将到来的新赛季。

2018年
大奖赛芬兰站
短节目 Otoñal

2019 年 3 月

24 岁
在埼玉举行的
世界锦标赛上

短节目 Otonal
世界锦标赛
2019 年

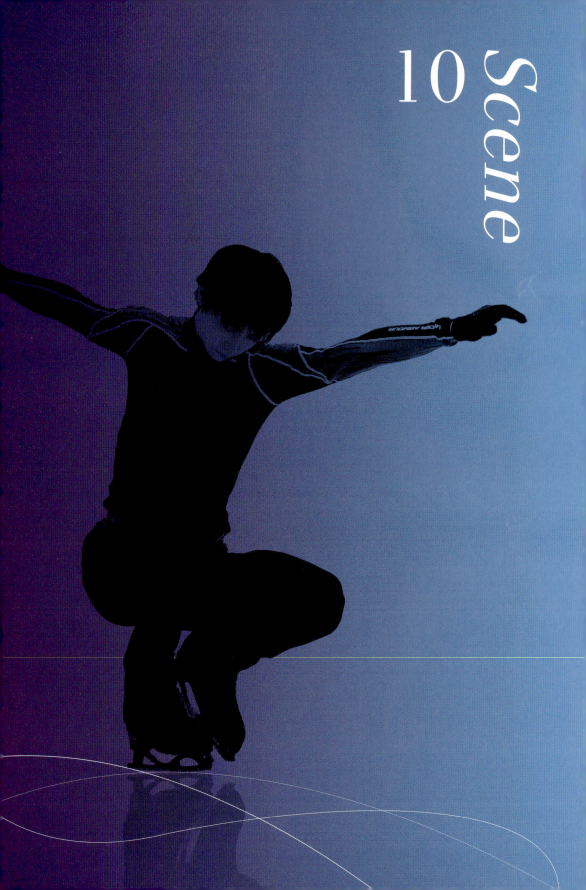

Scene

10

理想的滑冰

2 0 1 9 年

休 赛 季 — 秋 季 经 典 赛

2019 年 5 月的 "Fantasy on Ice" 演出中，羽生结弦精神抖擞，状态极佳，笑着回顾了上赛季完成短节目和自由滑的经历。

"说到大奖赛系列赛，可能芬兰站之前状态更好些。练习的时候，无失误地完成短节目和自由滑的次数还是蛮多的。芬兰站和俄罗斯站之间只隔了一周半，调整起来很困难。从欧洲回加拿大，再飞回欧洲，这个过程特别艰辛。原本打算从芬兰直接去俄罗斯练习，但担心吃不惯那里的食物……我本来就容易因饮食问题闹肠胃，所以最后决定'还是先回加拿大吧'。这个决定我觉得挺正确的。其实俄罗斯站发挥得还不错，只是因为受伤，很多表演在比赛时未能呈现出来，留下了些遗憾，心里总觉得'本可以做更多的'。看别人比赛的时候，我也会想'果然还是想上场啊'（笑）。

"不过，世锦赛前的状态可比大奖赛时好太多了……究其原因，我觉得最关键的是彻底熟悉了音乐。受伤期间，虽然不像平昌冬奥会之前那么刻苦，但真的学到了很多。我重新翻开训练理论书籍，思考'该怎么办'，也重新考虑了意象训练的方法。

"实际上，脚伤恢复的时间比平昌冬奥会之前更长，进度也更缓慢，但最终恢复到了比平昌冬奥会之前更好的状态。只是技术方面的恢复特别慢，这让我很焦虑。尽管如此，从世锦赛前的最后一周开始，我就能跳出不错的动作了。虽然也有一些强行完成的跳跃，但整套节目总算成形了。从这个角度讲，我觉得状态比芬兰站、俄罗斯站时都要好。"

世锦赛后，羽生曾表示"即便自己滑出零失误，也未必能赢过陈巍选手"，但他内心却有不同想法。

"在短节目和自由滑中后内结环四周跳一共失误两次，这确实让人难以接受。当然，在记者会上我说了'即便跳好也未必能赢'之类的话，但仔细算来，如果那两跳成功了，说不定就能给对手施加更大压力，甚至扭转赛果。所以现在我认定，四周跳和阿克塞尔跳是必须练的，勾手跳同样不可或缺。只要勾手跳能稳定落冰，它将成为我的一大撒手锏。所以勾手跳和后外结环跳，以及后内结环跳和两个后外点冰跳……或许是我的极限了。总之掌握四种五个四周跳，情况肯定会大不相同。

"从这个角度来看，相比去年我更有战斗意识了（笑）。其实世锦赛时我是有信心夺冠的，也做好了陈巍会有精彩表现的心理准备。即便他能重现全美锦标赛的水准，我也要具备战而胜之的实力，这是我当时的目标。我自认为已经做足了准备，只是后内结环四周跳时'有点过于谨慎了'，也意识到某些细节还不够完美。所以我并不想说自己'理所应当地输了'，但综合现在的感受，我确实觉得'这一次的失利，是为了将来的胜利'。

"不过，这次的感觉跟赛季初的秋季经典赛确实不太一样。那会儿我就觉得'必须这样，必须那样'，产生了强烈的'啊，我要赢'的欲望。但现在不一样，我清楚地意识到自己直面的挑战是'提高自己的水平'，或者说'可以去挑战一下'。'与其纠结脚伤的事，不如放手一搏，做自己想做的事'，明确了这一目标，滑起来就很开心。"

在这次冰演中，羽生在第二部分最后与艺术家合作演出。这一次，四场演出他都与主唱 Toshi 合作，羽生从他的乐曲中选择了 *Masquerade* 和 *CRYSTAL MEMORIES* 这两首。谈到这个节目，他说：

"滑 *Masquerade* 这个节目的时候，我真的是全力以赴，想要酣畅淋漓地燃烧自己……去年我也曾全力演绎，但还是有点顾虑，滑的时候一直在担心脚踝。那次巡演，我一直有种憋屈的感觉。但这一次，从一开始就能全速冲刺。风险也许会更大，但我的目标就是在降低风险的同时，尽可能长时间保持我的特点——全力以赴的状态。

"还有一首 *CRYSTAL MEMORIES*，虽然跟我之前的曲目一样比较柔美，但因为是 Toshi 的歌，我想通过步法展现一种感觉——'羽生结弦和 Toshi 合作的话就是这个味儿'。那个部分本来吉他不是那么激昂，我跟这次的吉他手说'想在最后让气氛 high 起来'，所以才改成了那个样子。我觉得这种感觉更契合花滑音乐，也更有羽生结弦的风格。所以这次的目标是，柔美中不失帅气，最后再来个酷炫收尾。"

面对观看的粉丝，他这样说道：

"我觉得自己每年都在全力以赴，但现在这个状态真的能发挥出

100%。观众可能会替我捏一把汗……比如，幕张公演第二天谢幕滑的勾手四周跳，工作人员看得也是提心吊胆。但我现在'能做自己想做的事，感到非常幸福'。我希望大家能感受到我的这份幸福，同时也能看到'羽生从那次（世锦赛）失利后变得更强大了'，最后大家会觉得'啊，那次失败原来别有意义'。为了成为那样的羽生结弦，我会继续努力的。"

这么说的羽生在神户公演的终场中挑战了勾手四周跳，并在第三天完美落冰后，摆出了胜利的姿势，赢得了场内其他选手的热烈掌声。在最后的富山公演中虽然跌倒了，但他仍然勇敢尝试了后内点冰四周跳。他发自内心地享受着这场"Fantasy on Ice"的盛宴。

2019—2020 年赛季初的秋季经典赛，羽生在 9 月 12 日的公开练习结束后透露，本赛季的短节目和自由滑将沿用上赛季的 Otonal 和 Origin。

"因为伤病，上个赛季没能如愿以偿。不管是短节目还是自由滑，我都觉得还没臻于完美，这让我感到非常遗憾。而且我真的很不甘心让这个节目以失败告终……我对叶甫根尼·普鲁申科和约翰尼·威尔充满敬意，所以特别想完美呈现这套节目，不留任何遗憾。"

羽生在大奖赛芬兰站和俄罗斯站都用 Otonal 这套短节目创造了无失误的佳绩。尤其是俄罗斯站，在新规则下获得了 110.53 分的世界最高分。然而，在随后专心恢复伤病的日子里，他心中仍留有不少遗憾和不尽之处。

"俄罗斯站那套短节目我觉得已经不错了，但心里还是强烈地觉得'还不够完美'，希望能再提升一点……毕竟这套节目承载了那么多的心血，我想把它打磨到最好，给两位偶像呈现一个更棒的作品。"

羽生结弦当天还透露，在"Fantasy on Ice"跳出勾手四周跳和后内点冰四周跳之前，他的左脚踝曾扭伤。虽然不及此前连续两年的右脚踝伤势严

重，但也花了不少时间治疗。直到大约四周前，他才摆脱止痛药，恢复正
常训练。

"其实，在四周半跳的练习中，我试图增强转体的力量，尝试用牵
引身体的吊杆进行后外点冰五周跳和后内结环五周跳。结果在尝
试后内结环五周跳时不慎扭伤了脚。我想四周半跳还是要继续练
习的，毕竟还没完全掌握。不过用吊杆练习，我能很好地感受到
五周跳的节奏，而吊杆辅助下的四周半跳也能非常漂亮地完成，
所以感觉还是不错的。"

跳跃构成要看状态而定，但羽生觉得目前的状态，短节目以后内结环四周
跳开场应该是最佳选择。

"自由滑的初步计划是一个后外结环四周跳、一个后内结环四周跳
和两个后外点冰四周跳。但根据状态和短节目的结果，也可能会
挑战勾手四周跳，或者调整后半段的构成，总之备选方案很多。
我练习了很多不同的内容，希望在这场比赛中去做不同的尝试。"

但第二天的短节目，羽生在开场的后内结环四周跳上摔倒了。

"起跳前我就觉得不对劲，因为轨迹出问题了，但也没办法了。虽
然很有斗志，但可能还是被世锦赛的失误影响了。那个阴影总是萦
绕心头，让我下意识地过度在意，想着'上次就是在这里失误的'。

"我这个人太依赖理论了，这次的后内结环四周跳之所以失误，恰
恰是因为我凭感觉在跳，当细节出现偏差时，我就开始瞎想。大
概这就是被理论束缚得太紧了吧。上赛季因为伤病休息了相当长
的时间，我感觉自己是从今年 3 月的世锦赛才开始新赛季的，所
以现在的心态可能与世锦赛时过于接近，这也导致了一些没必要

的压力。"

不过，在那次失误之后，他展现出了令人信服的滑行。如他所言，"虽然有点慌，但还是冷静地调整了状态"。接下来的三周半跳以单足转体的捻转进入，并以捻转滑出，这正是他最想尝试的衔接。"去年秋季经典赛上试过，GOE 得分不太理想，所以后来就没再用了。但我一直觉得这种切入方式最契合音乐"，这次的编排与他的想法完全一致。

不仅如此，就连在公开练习中还略显困难的后外点冰四周跳加后外点冰三周跳"与后内结环四周跳相反，我稍微调整了起跳前的轨迹，不靠直觉，而是用理论武装自己，结果就跳出来了"。在 GOE 加分上，与三周半跳一样获得了 4 ~ 5 分的高分，旋转和步法也都达到了 4 级，以冷静的状态完美地完成了节目。

遗憾的是，由于后内结环四周跳摔倒且周数不足，基础分降到了 3.88 分，导致短节目得分 98.38 分。如果没有失误，本可以超过 108 分的。

"并不是因为是首战就紧张，也不是单纯的调整不到位……以前滑《巴黎散步道》时也曾有过跳不了后外点冰四周跳、迟迟没有办法完成的时期，大概持续了两场比赛。这次的感觉有点类似。总体来说并不坏，平时练习的成果也都有所体现，只是觉得是不是还有更多需要努力的地方。"

说到这里，他苦笑道："感觉就像有人提醒我，别止步于此啊！"

第二天的自由滑公开练习时，羽生在后外结环四周跳上遇到了困难。"来这儿之前，状态一直很好，后外结环四周跳也很少这么吃力，所以有点意外。"这与 3 月世锦赛时的情形如出一辙。

在世锦赛中，他提到了不仅要加入容易受冰面状态影响的刃跳，如后外结环跳，还必须加入不易受影响的点冰跳，如勾手跳和后内点冰跳。这一想

法在"Fantasy on Ice"中尝试勾手四周跳时也有所体现。而这一次首日公
开练习的末尾,他也跳了两次勾手四周跳。

然而在正式比赛中,羽生并未选择勾手跳。

> "勾手跳原本是作为后外结环跳不顺时的备选,所以我确实考虑过
> 要不要换。但公开练习是早晨,距离比赛时间跟平时不一样,比
> 较短暂。再加上有受伤的风险,我就想这次还是先以后外结环跳
> 为主,力争发挥稳定吧。"

赛前 6 分钟练习时,他表现得非常谨慎,只尝试了四次跳跃。

> "从早上练习的感觉来看,一开始状态还不错,渐渐就有点控制不
> 住了。所以 6 分钟练习时,我有意识地集中注意力,争取一次成
> 功。结果证明,这个选择是正确的。"

在正式比赛中,第一个后外结环四周跳虽然是步法滑出,但起跳瞬间给人
一种"稳了"的速度感。紧随其后的后内结环四周跳也是步法滑出,起跳
时给人的感觉如出一辙。后来,羽生重新找回了状态,不过后半段的两个
后外点冰四周跳被判为周数不足,最终得分 180.67 分。尽管以 279.05 分的
总成绩夺冠,但这个发挥让他难以接受。即便如此,他的表情依旧平和。

> "前半段我非常集中地完成跳跃,虽然感到有些疲惫,但感觉整体
> 动作还是到位的。备战过程中练习质量都不错,就是比赛时对感
> 觉的把控和调整不够理想。正因为在大奖赛前就发现了这个问题,
> 我才想有针对性地做出调整,为之后的比赛做准备。"

至于后半段被判定周数不足的后外点冰四周跳,虽然感到意外,但他却坦
然道:

"其实我觉得落冰都挺正常的，自我感觉也没问题，所以这个判定我并不放在心上。"

"综合昨天的短节目，这次比赛暴露了我过度用力或过度放松的毛病，可以说缺点都一一浮现了。自由滑时同样没能进入一个理想的专注状态。"

前一天的短节目结束后，羽生曾表示：

"这次跟以往的首战不同，我对节目已经有了成形的概念，所以如果不能做到完美，心里会非常不甘。我希望能在正式比赛中呈现出训练时打磨好的节目，甚至超越那个效果。这是我迎战自由滑的心态。"

上赛季大奖赛两站过后，短节目 Otonal 和自由滑 Origin 的雏形就基本出来了。正因为受伤未能完美完成，羽生才决定在本赛季继续使用这两套节目。正因为感觉极好，所以出现失误时产生了"心理偏差"。

赛后，羽生在接受媒体采访时透露："我希望将来的自由滑中能包含五个四周跳。"目前，他的计划是两个后内结环四周跳和两个后外点冰四周跳，但他在练习中，已经考虑是否在大奖赛系列赛时加入勾手四周跳。

"我心目中 Origin 和 Otonal 的完成形态，跟现在的跳跃构成还是有区别的。所以我觉得必须练习更多跳跃，哪怕动作再难，也要去尝试，只有这样才能达到最终的理想状态。"

上赛季秋季经典赛结束时，羽生曾说自己"心中点燃了一团火"。而今年，他感觉有东西从一开始就在内心燃烧。

"我觉得自己已经不是去年那个优柔寡断的羽生了。现在有了一个明确的目标，所以每天都想朝着它努力训练。当然，世锦赛的遗憾还在，但对于这套节目，我真心希望呈现一个能让自己挺起胸膛自豪谢幕的表演。"

这种强烈的心情背后，是上赛季世锦赛被陈巍大幅领先并败下阵来的事实。

"世锦赛上我切实感受到'啊，我还是差了一截'的无力感。所以我在想，'只要还在滑冰，我就还想赢'。无论是 19 岁参加冬奥会，还是 23 岁再次站在冬奥会的舞台上，取得冠军后就离开竞技赛场，这样的想法我从幼儿园时期就开始有了。所以，平昌冬奥会夺冠后，我确实没那么渴望胜利了。但去年大奖赛期间，这种对胜利的渴望再次被点燃，尤其是世锦赛之后……虽然不知道如果滑出完美的节目会如何，但我认为实际的表演才是真正实力的体现。所以那一战因实力不济而输掉比赛后，我内心涌现出一股强烈的'我想赢'的心情。"

羽生表示，他考虑的不仅仅是完成五个四周跳，更多的是在思考"如何发挥自己的最大潜力"。而在这之前，还存在陈巍这样的对手。

"当然，世锦赛的节目构成并不代表陈巍的全部实力，我相信如果他想提高难度，完全有能力做到。所以面对他全力以赴的状态，如果自己还没做好准备，肯定是赢不了的。为此我必须尽快掌握四周半跳这个大杀器……我并不想给自己设置过多阶段性目标，但作为过渡，我觉得勾手四周跳已经相当娴熟了，循序渐进也很有必要。我会权衡利弊，努力把新的跳跃编入节目中。"

赛季结束后，羽生重新开始了四周半跳的训练。

"曾经四周半跳对我来说像是一堵难以逾越的高墙，我都怀疑'这真的能实现吗？'。但渐渐地，我开始相信'说不定真能行'。虽然我的确经历了一段比预想更艰难的时期，事实上现在也还在经历，但我现在更多地觉得自己是'为了跳出四周半跳'而滑冰，为此而活。不过，由于伤病频发，我也必须更多地为自己的身体着想。在这个前提下，一边追求只有我这副身体才能展现出来的跳跃，以及在我的节目里才能展现的跳跃，一边朝着更高难度的方向前进。

"所以，对我而言，关键是要在比赛中跳出四周半跳。当然练习中偶尔能成功一次也不错，但首先得达到能在比赛中稳定发挥的水平。然后再提高完成度，做到能拿到良好 GOE 分数的程度，否则它是不能放进比赛节目的。尽管存在受伤的风险，但我认为必须找到比赛与训练之间的平衡。"

羽生的这番话，源自他内心所追求的理想的花样滑冰形态，那就是兼具艺术性与技术性的完美结合。

"我并不想偏重任何一方，艺术性和技术性对我而言同等重要。我认为这才是花样滑冰的本质。当下有种风潮总在讨论艺术性如何、技术性如何，作为一名花滑选手，我也深有体会。但我觉得说到底，拥有绝对的技术实力最为重要，在此基础上再不断提高节目的完成度。在挑战高难度的同时，还能让人感受到'这个节目就是需要这样的跳跃，不激动到心跳加速都不行'，这才是节目完成的标志。"

Scene 11

我所信仰的道路

2019—2020 年赛季

大奖赛系列赛

虽然羽生在秋季经典赛后信心满满，但大奖赛首战加拿大站中，他并没有提高自由滑的难度。

比赛前一天的上午的公开练习时，在短节目的合乐中，羽生完美复现了秋季经典赛的节目构成，滑出了无失误的表演。"节奏把握得很好，跳跃感觉也不错，让我很安心。接下来就是在比赛中好好重现这种状态，把握好跳跃时机。"他神色沉稳地说。

"秋季经典赛后，我就一直在为比赛做针对性训练。稍微调整了备战策略，不再把希望全押在单次成功上，而是细细琢磨，逐步调整。我觉得自己这段时间准备得还不错。虽然目标依旧是力争零失误，但不同于秋季经典赛时那种不计一切代价的冲劲，这次我想一步一个脚印，先把第一个后内结环四周跳做好，再顺势滑行，把三周半跳的起跳方式等细节做到位……在此基础上，再朝着无失误的表现努力。"

合乐结束后，羽生谨慎地反复练习后外结环跳，他说：

> "刃跳对冰面契合度要求特别高，所以我想多花点时间去摸索，通过与冰面'交流'，寻找刀刃和冰面最佳的接触方式。"

备战这场比赛，羽生还需要调整备用冰鞋，时间比较紧张。加上为打磨自由滑节目下了不少功夫，四周半跳和勾手四周跳都没怎么练。

> "至少这次比赛我暂时不打算尝试勾手四周跳。现在最重要的是拿下加拿大站，毕竟我很想进总决赛。"

正如他所说，当天第二次公开练习时，自由滑的构成与秋季经典赛如出一辙。

能有这般从容，是因为一周前他看了美国站陈巍选手的表现。尽管陈巍并未全力以赴，还有些失误，但仍让羽生感悟良多。

> "看他的节目，我意识到自己似乎一直在跟输给陈巍时他给我留下的'好强大！'的形象做斗争。与其说是在和他本人较量，不如说是在跟我脑中加了特效的他的幻影较劲。这让我特别焦虑，觉得'必须赶紧练好勾手四周跳''必须提高整体难度'。但这一周以来，这种焦虑得到了缓解，我感觉自己找回了内心的平静。"

虽然陈巍发挥有瑕疵，但羽生重新认识到，"我和他是不同类型的选手。我必须展现自己的风格"。他坚定地表示：

> "我相信自己也拥有他不具备的优势，我要好好发挥这些长处。"

> "当然，我感觉他还没有全力以赴，我相信他潜在的得分是很高的。那个分数可能跟我脑中一直对抗的幻影差不多。但就我目前的状态，我最想做的是从容地滑完系列赛，进入总决赛，并在之后的全日本锦标赛中有出色发挥。考虑到过去一两年因伤病带来的反思，我觉得应该脚踏实地，仔细权衡利弊，以平和的心态参

加比赛。"

秉持着这样冷静的心态，羽生在 10 月 25 日的短节目中展现了卓越的实力，以完美的无失误演出拿到 109.60 分，为冲冠打下了坚实基础。

上赛季世锦赛和本赛季秋季经典赛中失误的开场的后内结环四周跳，这次以 4.43 分的 GOE 加分完美跳出。随后的三周半跳也获得 4.00 分的加分。羽生解释了能做到这一点的原因。

"这次我改变了练习方式。在秋季经典赛之前，我的做法是只要第一跳失误就重新来过，一心只想着别出错。这个方法在某种程度上没错，但我渐渐觉得自己对第一跳的专注变得有点僵化。不管怎么样，在合乐练习时，我特别注意'一定要把第一个后内结环四周跳跳好'。我觉得这是我今天能有如此表现的原因。"

不过，在上午的公开练习中跳得不错的后内结环四周跳，在 6 分钟练习里却状态欠佳，这多少让羽生有点担心。事实上，直到前一个选手的分数出来之前，他一直在跳后外点冰四周跳和后内结环四周跳。

"我对后内结环四周跳没太大信心，也不想重蹈覆辙。我预感后半段会很累，实际上也的确如此，但我觉得这样挺好的。至于三周半跳，我觉得非常到位，完成后还意犹未尽，应该是跳得很漂亮。"

尽管 6 分钟练习时后外点冰四周跳表现不佳，但羽生想着"说不定到后半段累了反而能跳好，我是抱着这个信念上的"。然而，实际上后外点冰四周跳最后"只能靠蛮力硬跳"，结果落冰不稳，不得不接了个后外点冰三周跳，GOE 也只拿到 1.90 分。尽管存在这样的小失误，羽生在赛后的神情十分平静。

"不论分数如何，我觉得自己在某些部分降低了水平，跳跃也不够利落，影响了裁判打分。这一点让我很懊恼。如果完成了包含后外结环四周跳或勾手四周跳的构成，才勉强可以算无失误吧。但目前这个状态，我觉得还谈不上无失误。"

在加拿大站，羽生给自己施加了夺冠的压力。为此，他给自己设定的任务是学会控制情绪，防止过度兴奋。同时，他也格外重视后外结环四周跳的练习。短节目当天的公开练习时，他把合乐前的时间都用在后外结环跳上，先屈膝下蹲蓄力，然后在无助滑的情况下直接完成后外结环四周跳。自由滑当天的公开练习时，他不断尝试调整跳跃的位置和滑行路线，仔细确认重心控制和用刃的感觉。

"那个训练方法是我还不会跳后外结环三周跳时，都筑章一郎老师教给我的。那样做有很多好处，比如能够稳定身体轴心等，所以我就试了试……但过度依赖那个方法也让我在某些地方适得其反，这个平衡点真的很难把握。不过在 6 分钟练习的最后能跳出两个漂亮的后外结环跳，我觉得自己还是一步步在进步。"

正如羽生所言，在正式比赛中，虽然后外结环四周跳落冰时略有下蹲，导致 GOE 扣除了 0.15 分，但他还是完成了稳稳的四周跳。之后他保持着流畅的滑行，后半段更是抱着"哪怕只多一分也要争取"的决心，顺利跳出了在秋季经典赛公开练习上挑战的、世界首次成功的后外点冰四周跳加优勒跳加后内点冰三周跳的组合，所有要素都无失误地滑出来了。羽生在新规则下刷新个人最佳，以 212.99 分的自由滑和 322.59 分的总分大幅领先，首次获得加拿大站的胜利。

"后外结环四周跳尚未完全掌握，虽然形态已经大有进步，但落冰仍未尽如人意，说到底还是有些缺乏自信。但这次比赛，我久违地从心底觉得'战胜了自己'，因为已经很久没有在短节目和自由滑上同时达到这么高的水平了，光是这一点就很开心。"

羽生如此表达这次夺冠的喜悦。至于自由滑 Origin 的完成度，他认为目前仅达到理想状态的 20% ～ 30%。

> "我还是希望最终能在这套节目里放进四周半跳，说不定还想尝试勾手四周跳……当然现在还不确定，但既然已经能有这样的表现，我就想朝更高的目标努力。"

只是羽生还提到，最近他对如何集中精力表演感到有些迷茫，也对冷静是否能带来专注度产生怀疑。

> "有时觉得不如完全释放情感，就像平昌冬奥会那样，把情绪积累到最后一刻，只在比赛时爆发。这种方法也曾成功过。我认真思考每一场比赛，每一种情绪和状态该如何管理。不同于过去仅凭感性，现在得学会在一定程度上克制情绪，确保比赛时达到巅峰状态。我仿佛看见前方有一堵墙。我有预感，如果能翻越它，或许就能重回在 NHK 杯和总决赛时连创世界纪录的状态。经过这场比赛，我感觉那个顶点隐隐在望，我想在比赛和训练中继续探索，寻找突破障碍的方法。"

自由滑结束后的第二天，也就是 27 日，羽生说：

> "这是继 2017 年赫尔辛基世锦赛以来，总分首次突破 320 分，且还减少了一个节目元素。时隔多年再次达到这个分数，真的很开心。但考虑到这才是大奖赛第一站，我觉得还要继续保持警惕。所以此刻我非常务实。"

他露出了温和的笑容：

> "这场比赛让我觉得，我为之努力的事情似乎得到了一些肯定。"

"在秋季经典赛上没能取得高分确实让我感到失落，而且在加拿大站上也一直都处于苦战中。考虑到这些，我其实做好了结果可能不尽如人意的准备。正因如此，这次我的表演能得到充分认可，我感到如释重负，自己坚持的道路果然没有错。接下来我要做的就是不断琢磨如何才能赢得比赛，持续胜利，需要抱着什么样的心态继续训练。"

羽生坦言在这场比赛前，他内心曾经迷茫。在秋季经典赛的自由滑上，开场的两次跳跃落冰不稳，后半段后外点冰跳也被判为周数不足。整体GOE 偏低，节目内容分基本维持在 8 分多，最高分也就 9.15 分。

看到这样的评分，他甚至想过是不是该去掉一些衔接动作，并为了提高跳跃成功率，降低滑行速度，在起跳前彻底静止，调整好姿态再跳。"那样成功率肯定会提高，而且能更好地发力，跳得更高更远。"尽管有过这样的念头，但他还是觉得"这不是我的路"。怀着这个想法来到加拿大站，他决定再次倾尽全力，展现自己真正想呈现的东西。这次的回应，证明他的选择是正确的。

"我一度对自己坚持的路是否正确有些迷茫。从静止状态起跳是否正确？比如通过步法衔接进入的跳跃，或跳跃后立即接步法，这些细节能否得到充分评价？这是我从赛季初就存有的疑问。

"我自己非常重视这些细节，并视之为自己的优势。这一次，我决定再次全力展现这些东西，而最终得到认可，也让我对自己选择的道路产生了信心。在尝试勾手四周跳和四周半跳的过程中，我更加确信自己该走的道路，也确信自己必须去挑战那些更难的事。"

近年来，花滑界逐渐偏重高难度跳跃。羽生说自己也曾怀着不得不这样做的心态去训练，挑战四周半跳和勾手四周跳也是如此。

"不过，我觉得这次比赛多少给这股趋势踩了刹车，这再好不过了。这可能会影响到所有选手的健康。说到底，勾手四周跳有那么难吗？想跳的话也许人人都能跳，但这也因人而异。每个选手都有自己的个性。好不容易有了能评价这些个性的打分系统，结果趋势逐渐向高难度跳跃倾斜，导致技术分和节目内容分的比例日益失衡，我觉得这就是目前的状况。

"但这一次，我觉得我展示了'跳跃也能表现情感'的表演。这点特别好。尤其是后半段的后外点冰四周跳加优勒跳加后内点冰三周跳，我完成了与音乐相协调的高难度动作。关于这一点，我认为即使很困难，用跳跃来表现也是我的强项。而且通过这种方式，也能得到认可。我觉得自己或多或少传达出了这个信息。"

此次羽生的得分，几乎逼近了上赛季世锦赛陈巍刷新的新规则下的世界纪录 323.42 分，只差 0.83 分。

"因为还有些失误，单是跳跃部分我觉得还能再多得 3 ～ 4 分，所以还有很大的进步空间。因为打分规则不同，所以不能简单地和 2017 年世锦赛进行比较，但时隔这么久又在自由滑超过 210 分，真的很开心。短节目还没破 110 分。按照现在的规则，这套自由滑的动作构成要拿到 220 分有点难度。所以我接下来的小目标，就是争取短节目 110 分、自由滑 215 分。"

在随后举行的表演滑中，羽生结弦重现了 2014 年索契冬奥会夺冠时滑过的《巴黎散步道》，点燃全场。

"我有点想尝试一些怀旧的东西。这既是一种回归，也是一场挑战。我想看看现在如果只做一个后外点冰四周跳的短节目，能发挥到什么程度。"

在终场的跳跃大会上，羽生结弦再次挑战并完成了一开始出现失误的后内结环四周跳，紧接一个优勒跳，再次挑战后内结环四周跳。尽管第三跳落冰时用手轻触了冰面，但他依然在冰上绽放出灿烂的笑容。

大奖赛第二站 NHK 杯于 11 月 22 日在札幌开赛，这是总决赛前两周的重要一站。加拿大站过后，羽生结弦曾表示：

> "第二场比赛受伤的概率会比较高，这一点必须有思想准备。而且离总决赛只有很短时间了，更需要谨慎应对。"

赛前一天的记者见面会上，羽生结弦谈到了备战这一站的情况：

> "我一直在认真思考，到底需要练习多少跳跃，陆地上能做到什么程度，上了冰又能做到什么程度。计划赶不上变化是常事，但通过之前受伤的经历，我更加清楚'在这种状态下，可以做到这个程度'，所以我很好地利用了这些经验。在冰上给自己设定积极的'限制'，然后一点点提高陆地训练的强度。"

羽生在短节目中发挥稳定，以 109.34 分开局，比在加拿大站的成绩略低 0.26 分。

> "当然了，正是因为上一场短节目滑得不错，这次就更能感受到'我还能滑得更好'。我渴望能更上一层楼，老实说，心里还是有点不甘心的。"

前半段的后内结环四周跳和三周半跳都拿到了 3.74 分和 3.89 分的 GOE 加分，这两跳简直完美。但随后的后外点冰四周跳落冰时刀刃有些晃动。"我一直在练习怎样在各种情况下去接后外点冰跳，这次的表现是练习成果的体现。"虽然节奏稍有延迟，但他还是成功补上了一个后外点冰三周跳，完成了联跳。不过或许因为这个小失误，节奏有点乱，后面的跳接燕式旋转的速度明显不如平时。

"关于后外点冰跳的问题，我自己心里有数，不过好歹站住了，应该也算及格吧。接下来的跳接燕式旋转没发挥好，定级步法这方面也许还有提速的空间。总体来说，旋转的速度还不够。虽然不知道这些会不会影响分数，但就我自己的感觉来说，我认为我还能做得更好。"

即使如此，羽生的表演是无失误的，旋转和步法也全部达到 4 级。至于转速不够的原因，他这样分析道："与其说是开始疲劳，不如说可能还是有点谨慎吧。"尽管对某些地方不太满意，但他还是冷静地做出了不错的应对。

第二天自由滑时，羽生把重点放在了开场的后外结环四周跳上。

"去年的俄罗斯站上，我把 Origin 的第一跳换成了后内结环跳，发挥得特别好。说到底，后外结环跳一直都不太稳定。节目的第一跳是个很大的得分点，只有起跳稳了，后面的节目才能顺利展开。所以我在这上面下了不少功夫。"

在这次比赛里，羽生从公开练习开始就花了不少时间专门调整后外结环四周跳。自由滑当天的公开练习中，包括合乐在内，他一共起跳七次，只成功了两次。在 6 分钟练习时，中途打乱身体跳成三周跳之后，连续两次都漂亮完成。不过在最后场内广播报幕介绍选手时，他从起跳位置开始滑出，却出现失误，只跳了一周。

但羽生觉得这个失误反而是好事。

"今天 6 分钟练习的时候，我就想着别练阿克塞尔跳或勾手跳了，就专心练习后外结环四周跳。选手介绍那会儿，我原本是想跳后外点冰跳的，但一想到那样可能更耗体力，所以一下子又有点犹豫要不要换成后外结环跳……我被点名的时候成功率最高，就想着'干脆豁出去跳一个吧'，这样还能增加点紧张感，跟比赛的感觉更接近，就这么跳了。

"第一个后外结环四周跳在平时练习时也不是百发百中的，合乐的时候更不是第一次就能稳稳落冰。所以跳空了一次，我就想'真要配上音乐的话，偶尔失误也难免'，能在赛前有这个认识挺好的，也算是松了口气吧。包含公开练习的合乐在内，能够在赛前带着紧张感、以接近实战的状态完成两次跳跃，应该是件好事。"

羽生提到的后外结环四周跳，在正式比赛中落冰时出刃有一丁点瑕疵，但最后还是得到了 1.65 分的 GOE 加分，是一个成功的跳跃。而随后的后内结环四周跳也获得 3.19 分的高额加分，为他开了个好头。随后他又流畅地展示了张弛有度、干净利落的定级步法。

然而进入节目后半段时，原定的后外点冰四周跳加优勒跳加后内点冰三周跳中，后外点冰跳止步于两周，这让羽生产生了几分玩心。

"这次比赛，我的首要任务就是稳住最开始的后外结环四周跳和后内结环四周跳。完成这些之后，我就想着'是不是能稍微享受一下 NHK 杯的比赛了？'，在观众面前展示一下'看我厉害吧'，好像也没什么不可以。所以我看了布莱恩一眼，确认'我可以这样做吗？'，然后我就减掉了中间的大一字，直接来了个后外点冰四周跳加后外点冰三周跳。"

笑着说完这些的羽生，随后又把原计划的三周半跳加后外点冰三周跳改成了四周跳加三周跳，最后的以三周半跳起跳的联跳也改成了最后接个后内结环三周跳的三个跳组成的联跳。只不过以后外点冰四周跳起跳的联跳中的后外点冰三周跳旋转周数不足。联跳也只完成两个，最后得分为 195.71分。以总分 305.05 分获得了冠军。

"本来我觉得如果能拿到 315 ～ 320 分就很不错了，但少了一个跳跃，还有一个周数不足，这也没办法。从心态上说，倒不是因为短节目发挥好才这么想，反而是觉得短节目滑得不够好，一直挺在意的。所以既有'这次一定要做到'的决心，也有'今天的比赛不是最后一战'的想法……为了迎战总决赛，我觉得在 NHK 杯上最关键的就是要跳好开头的后外结环四周跳，然后再稳住后面的后内结环四周跳。

"虽说不够完美，但在这套节目里头一次稳稳地跳好两个四周跳，我觉得也算是跨过了一道坎，达到了能在总决赛一较高下的水平。还有就是时隔这么久重新在日本的观众面前表演，这对我意义重大，我可是期盼了很久。所以我希望能把这次从观众那里汲取的能量，在总决赛上淋漓尽致地释放出来。"

羽生还透露说，那天早上公开练习前，他满脑子都是担心受伤的事。上回在 2017 年的 NHK 杯，他就是在公开练习时受伤退赛的。去年大奖赛第二站比赛，虽然短节目发挥得很满意，但自由滑当天公开练习的时候，他又受了重伤。

"总之就是很怕再受伤，跟比赛时的紧张完全不一样。跳跃的确不太理想，但那是因为'不想受伤'的心理在作祟，我觉得技术方面应该没啥问题。所以练习一结束，才算是松了口气。"

自赛季初以来，羽生就一直表示要在大奖赛总决赛和全日本锦标赛中奋力拼搏，这两项赛事他最近一段时间都没有亮相。作为通往这些比赛的一个关口，平安完成了 NHK 杯让他感到如释重负。

大奖赛系列赛两连胜，顺利晋级总决赛后，羽生笑着回顾这一路的旅程："没受伤地比赛完，大概是最大的收获了吧。"过去两年因伤缺席总决赛的阴霾，一直像淤泥一样积压在心里。现在终于能畅快淋漓地解决这个问题，他感到如释重负。谈到对总决赛的渴望，他坦言：

"去年受伤纯属意外，但也避免不了。关于前年的伤，尽管我也反思了在状态不好的情况下，不应该尝试勾手四周跳，但受伤好像就是我们运动员的宿命。正因如此，我才对总决赛有种'求而不得'的强烈感受。我之前连续四次夺冠，所以也非常希望能延续连胜纪录，永远领军于高峰。自从我缺席后，陈巍就开始连冠，今年更是要冲击三连冠了。在这种情况下，我夺回冠军的渴望就更加强烈了。"

上赛季世锦赛输给陈巍排名第二，更是让这种渴望变得越发强烈。

"那次比赛其实从内容上说，短节目发挥不太好，自由滑倒还可以，但即便如此，我也没能赢。这种事即使记在心里，也不会体现在成绩上，没什么意义。最重要的还是要留下实实在在的成绩，这才是我最渴望的。"

陈巍在大奖赛法国站就已经锁定总决赛席位，中间有整整四周的时间，所以可以比较从容地进行调整。反观羽生这边，只有一周时间准备。在这种情况下，最关键的就是保持最佳竞技状态。

"从NHK杯到全日本锦标赛，等于是一个三连赛，还要东奔西走，还得倒时差。我呢，当然属于那种比赛时会全力以赴的类型，绝对不可能中途松懈。所以说保持好状态真的太重要了。这次总决赛对我来说，就是跟陈巍的一场对决。特别想赢，因为我觉得胜利本身就有非凡的意义。

"确实，在本赛季的两场比赛中，我都在分数上超过了他。虽然NHK杯的发挥还不太令人满意，但好歹也赢了，这多少还是给了我一些信心……但我也清楚地意识到，陈巍并没有止步不前，所以我希望自己的状态能比加拿大站和这次NHK杯时更上一层楼。"

下一战马上就要打响，从 NHK 杯的比赛情况来看，羽生感觉自己的状态正在渐渐步入上升期，似乎能在总决赛达到巅峰。加拿大站取得了满意的成绩，这让他确信之前的训练卓有成效，之后他也更加专注于打磨基本功，力求更加稳定出色的表现。从这个角度来说，羽生觉得最近一段时间的训练可谓收获满满。尽管 NHK 杯自由滑有失误，但总的来看，无论是短节目还是自由滑，他的发挥都趋于稳定，不再那么莽撞冒进。成功完成后外结环四周跳，也让他跨过了"在这套节目里可能跳不好"的心理障碍，有了更大的自信。

时隔 3 年重返大奖赛总决赛，这次的心情跟之前参加其他比赛有所不同。比赛地点在意大利都灵。2006 年冬奥会上，羽生的同乡前辈荒川静香就是在这里夺得金牌的。那次比赛极大地鼓舞了他的梦想。

"我记得都灵冬奥会时，约翰尼·威尔用 Otonal 参加了自由滑比赛。我听他说过，'那时简直一塌糊涂，感到非常遗憾'。但对我而言，威尔的那场表演意义非凡，我一边看一边想，'能够仰慕这样一位选手真是太好了'。那场比赛让我再次深刻感受到了他的卓越才华。另外，这里也是叶甫根尼·普鲁申科第一次夺得奥运金牌的地方。我的节目 Otonal 和 Origin 饱含着我对他们二位的敬意。因此，从这个角度来说，我希望自己能用这些节目呈现精彩的演绎，也希望能在这里夺得金牌。"

羽生满怀热情地表达了自己心目中作为羽生结弦的理想形象所追求的境界。

"其实我一直在跟 9 岁的自己较劲。我记得第一次夺得全日本初级花样滑冰锦标赛冠军时，简直自信满满……现在，那时的我仿佛住在心里，在对我说：'你还差得远呢。'人在慢慢长大的过程中，难免会被各种言语、事物和社会规范所束缚，然后我们开始渐渐赋予自己所做的事情以特定意义。但当我们还是孩子的时候，没有这些束缚，只是纯粹地做自己想做的事。那时的我对于发自内心喜欢的、深信不疑的事，都能保持纯粹而真挚的态度。虽然现在的我已经很难做到这点，但我相信我的初心依然埋藏在内心深处。我希望在滑冰中展现出那些我由衷热爱的和让自己充满信心的东西。或许那才是最强大的自己。我想成为那样的人。

"作为一个成年人，如果有朝一日我能超越那个曾经觉得'没有什么做不到'的孩童时期的自己，我想那就是最终的'羽生结弦'。那就是我理想中的自己吧。"

NHK杯 ——— 2019年

2019 年

NHK 杯

第二个赛季的

短节目 Otonal（以下 2 张）

2019 年

NHK 杯

自由滑 *Origin*

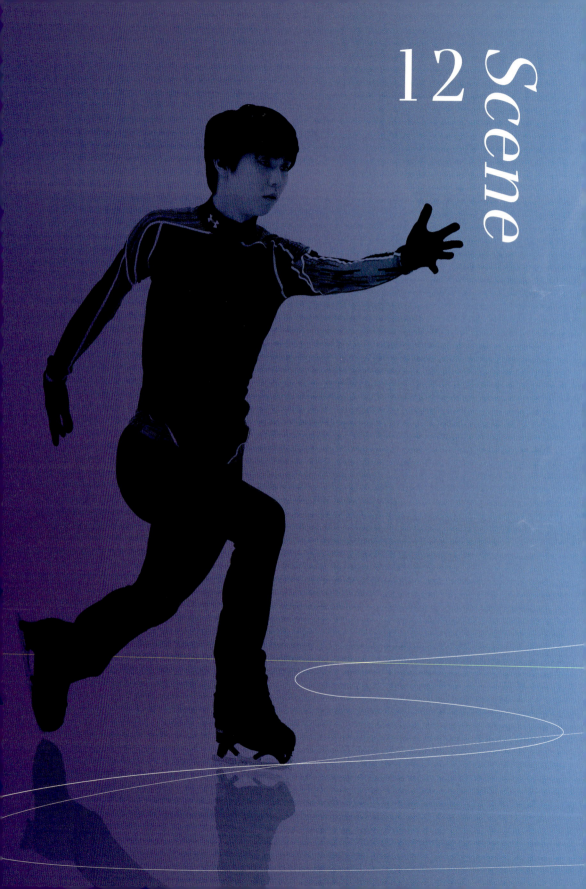

Scene 12

留下的痕迹

怀着必胜的决心，羽生参加了 12 月 5 日开始的大奖赛总决赛。然而从赛前开始，他就遭遇了一连串的意外。原本计划与他同行前往都灵的吉斯兰·布里安教练把护照落在了飞机上，导致无法入境。这次比赛规定每名选手只能有一名教练随行。因此羽生不得不在没有教练的情况下参加短节目的比赛。

或许是这个变故多少影响了他的发挥，短节目的表现出现了一些瑕疵。

本赛季大奖赛系列赛，羽生两次短节目比赛都拿到了超过 109 分的高分，但他还是觉得"称不上完美"，一直在追求更高的完成度。这次 Otonal 的开场表现堪称完美。第一个后内结环四周跳干净利落，流畅的落冰获得了 4.16 分的 GOE 加分。紧接着的三周半跳也同样精彩，9 位裁判中有 6 位给出 5 分，其余给出 4 分。羽生自己也觉得："后内结环跳不错，三周半跳特别棒。我完全沉浸在了音乐中，滑行的感觉也非常好。"

然而之后的后外点冰四周跳却因为落冰时重心偏低，没能顺利接上后外点冰三周跳，被扣掉了 4.75 分。在上午的公开练习中，尽管前两个跳跃都表现得非常完美，但后外点冰四周跳却跌倒了，而比赛中出现了同样的状况。

尽管如此，之后他还是稳定地完成了动作，饱含感情地滑了下来，最终得到 97.43 分。然而，比他早两位出场的陈巍选手凭借与公开合乐练习如出一辙的完美表现，拿到 110.38 分，羽生落后 12.95 分，以第二进入自由滑。

> "我当然很清楚陈巍的分数，这多少有点干扰。但我觉得如果自己发挥出色的话，还是有希望超过他的。所以想着只要好好滑，漂亮地完成就行，心态调整还挺快的。后外点冰四周跳其实跳得不算差，就是可能有点用力过猛。不过，这样的失误并不常见，我本来想无论如何都要落冰，但还是没办法。看来正式比赛时还是没能百分之百爆发啊。"

羽生进入会场后，并没有像前几场比赛那样，流露出对冰面状况的担忧。在前一天的公开练习结束后，他还说过："冰面的触感非常好，我滑得很开心。"正因为这样的情况，也导致他赛后感到无比遗憾。

> "虽然非常遗憾，但也无济于事……比赛一结束，比起反省，我更多思考的是应该如何打磨自由滑。后外点冰跳搞砸了，不过点冰跳的感觉还是不错的。我清楚这个分差其实很大，接下来的结果也不是单凭我一个人的表现就能决定的。所以为了争取最好的成绩，现在必须想清楚能做什么，应该做什么。总之，后天就要比自由滑了，得仔细盘算接下来的每分每秒该怎么利用，制订周密的计划，该简化的地方就简化，该加强的就加强。"

为了在自由滑中赢得胜利，羽生进行了缜密的计算。第二天公开练习时，在教练不在场的情况下，他在合乐练习时在后外结环四周跳之后又接了个勾手四周跳，并把最后一跳改成了三周半跳加三周半跳，可见他下定决心要放手一搏了。之后他又跳了两个三周半跳，仔细确认了阿克塞尔跳的起跳动作，然后开始挑战四周半跳。

这次尝试的结果是失误两次、摔倒三次。离开冰场时，羽生结弦只简单地说："我只是在练习四周半跳，挑战了五次。"

7 日，进行自由滑比赛。为了应对陈巍准备的包含后内点冰四周跳和勾手四周跳在内的四种五个四周跳，羽生在赛前公开练习时也展示了加入勾手四周跳的四种五个四周跳。此外，在能获得 1.1 倍基础分的最后三个跳跃中，采用了以四周跳起跳的三个跳组成的联跳、四周跳加三周跳的联跳，以及三周半跳加三周半跳的构成。在节目最后完成如此高难度的三个联跳，这是只有他才能做得到的事。从第一天公开练习开始，羽生每天都至少成功跳出一个流畅的勾手四周跳。这套节目是他在现阶段能力范围内，将自己的潜力发挥到极致的编排。

由于比赛安排在下午较早时候，所以当天自由滑的公开练习从早上 7 点就开始了。尽管练习时他的勾手四周跳还略显不稳，但在赛前最后 6 分钟练习时就跳得非常顺畅，彻底消除了不安的情绪。正式比赛前，在被点名出场前，他完成后外结环四周跳之后确认勾手四周跳的起跳方式，之后又确认了两遍勾手四周跳的起跳动作，可见他把注意力都集中在了前两跳上。

比赛时，羽生用漂亮的后外结环四周跳拿下了 4.05 分的加分。这个跳跃他在 NHK 杯上完成后，一直很有自信。紧接着，他冷静从容地跳出了勾手四周跳，获得 3.94 分的加分。在认真完成了联合旋转之后，步法略显谨慎，定级为 3 级，但顺利地过渡到了节目后半段的后内结环四周跳上。

然而从那之后，疲劳开始显现。后外点冰四周跳加优勒跳加后内点冰三周跳中，最后落冰不稳导致步法滑出，紧跟着后外点冰四周跳加后外点冰三周跳变成了四周加两周，最后的三周半跳也因失误成了一周，没能成功接上联跳就结束了比赛。

短节目刚结束，羽生就开始考虑在自由滑尝试一直未尝试的五个四周跳的构成。"虽然我觉得即使这样也很难赢，但还是想在这里有所突破。"最终他以总分 291.43 分获得亚军，比完美落地五个四周跳的陈巍足足少了 43.87 分。但赛后他的表情却出奇轻松。

"确实，比赛结果在我预料之中。我完成了勾手四周跳和后外结环四周跳，后半段还加入了三个四周跳，给人的印象应该会很深，但实际得分的跳跃并不多。不过这场比赛我收获满满，能坚持挑战到最后，如果不是陈巍的精彩发挥，我可能还做不到呢。

"从这个角度来说，这次比赛让我有了很大的成长。正是因为短节目的失误，我才下定决心在自由滑中破釜沉舟。我思考了很多，也更加明确了自己的不足。在世锦赛的时候，我还觉得'果然比不过啊'，心想'我必须变得更强才行'，自嘲地笑了。这一次虽然输掉了比赛，但在与自己的较量中，我觉得自己多少是赢了的。

"后半段是真的累了，但将来的比赛需要这样的配置，我会以此为基础继续努力。这场比赛能打成这样，虽然不想把比赛等同于训练，但结果来看确实起到了很好的训练效果。从这个意义上讲，这场比赛让我更上一层楼了吧。"

羽生结弦在自由滑后的第二天，也就是 8 日，回顾前一天的表现时说：

"说实话，我现在有很多复杂的情绪。虽然本不想尝试五个四周跳的构成，但现在想来还好练过。不过老实说，完整地练习也就一次，三周半跳加三周半跳，以及后外点冰四周跳加优勒跳加后内点冰三周跳根本就不在我的计划内，之所以敢这么尝试完全是因为练习时做得还不错。但比赛中果然还是很勉强啊（笑）。

"虽然能够完成后外结环四周跳和勾手四周跳是个巨大的进步，但对我而言，比赛不仅仅是跳跃的比拼，更需要沉浸在音乐、表演和衔接动作里。我一直在思考那种割裂感到底在哪里。昨晚就是这样度过的。"

说到这里，他也透露了在白天公开练习中尝试四周半跳的理由。

"说真心话，短节目结束后我其实非常沮丧，一直在想为什么后内结环四周跳和后外点冰四周跳组合的 *Otonal* 会这么别扭。我知道即使多跳一个四周跳，也不可能追上近 13 分的差距，也知道陈巍选手肯定会跳五个四周跳，再加上我能感觉到他那种不会被压力击垮的强大内心，所以觉得很难翻盘。

"正因为如此，我才想在这里留下点什么，也因此思绪纷杂。'为什么这次教练直到自由滑当天都不能来？''为什么会在短节目犯那样的错？'……虽然我不是什么宿命论者，但其中会不会有什么特别的含义。要真是这样，那趁着现在教练这个'阻碍'不在，就是我自己能做决定的时候，也许该试试看呢？所以就决定在公开练习时挑战四周半跳了。"

除了加拿大站后尝试过一两次，这一个多月羽生都没练习过四周半跳。虽然最终没有成功，但对羽生来说，这是一次带着决心的挑战。

"每次练习四周半跳，我都做好了各种心理准备。周数不足的跳跃比比皆是，随时都有可能受伤，甚至面临落冰摔倒的风险。而且因为是比赛的公开练习，我会更专注，跳得比平时还高，这就有可能再次像之前那样受重伤。

"说实话，真的怕得要死，到最后几乎是抱着'管他比赛输赢'的心态去跳的。我知道要在这时候强行发力的话，自由滑肯定坚持不到最后。明明该好好调整的，明明短节目也失误了，还非要在这关头冒险。虽然'放弃比赛'这话有点夸张，但我是下定决心哪怕赌上整场比赛，也要试试四周半跳的。"

布莱恩教练抵达都灵的消息让羽生松了口气。他坚信，如果教练在场，自己绝不会在公开练习时做出挑战四周半跳的决定。

"要说什么是最重要的，比赛肯定是第一位的，这点我心里有数。但在这种绝望的情况下，我有一种强烈的使命感，觉得'必须在这里留下些什么'。这也许在人生中仅有一次，再说，这里不仅是奥运会举办地，更是我滑冰梦想启航的地方，对我意义非凡。我在 NHK 杯时就说过，想留下能对 9 岁时那个自信满满、理想的自己骄傲地说出我在这里做了什么的那样的东西。

"按那套自由滑的编排，比赛时想完美发挥几乎是不可能的。与其倾尽全力也赢不了，还不如做该做的事。我的任务就是要漂亮地跳好勾手四周跳，还有展现想要征服四周半跳的强烈欲望。"

教练的到来带来了安心感的同时，羽生还产生了与以往不同的一种"有失误也无所谓"的心态，这让他得以怀着一种轻松的心情迎接自由滑。虽然最终落后陈巍选手 43.87 分，但他本人表示感受到的差距没那么大。

"我的看家本领三周半跳没有放在节目里，而且按现在的规则，小错误越多，分数差距就会越来越大。虽然我的后外结环四周跳和勾手四周跳都拿到了不错的加分，但其他部分顶多算干净利落吧。（如果能够无失误完成的话）我觉得差距应该不会那么明显。"

而更让羽生在意的是，整个比赛好像变成了跳跃大赛。

"当然了，大家看我比赛时心里肯定各有想法。有人会说特别感动，也有人一直在给我加油。正是因为感受到了大家的支持，我才能撑到最后一个动作。也有人说这很好，这就是作品应有的样子。

"不过这次我总感觉自己像在参加跳跃大赛，这对竞技体育意味着什么呢？会不会让人觉得'这好像不用花滑也能做到吧？'？我一直认为'四周半跳是跳跃之王'，所以想先把它征服了，再去追求一个不光有跳跃，更要符合花滑选手身份的完整作品。

"但我也清楚，这两者很难兼得。想在比赛中稳定发挥高难度动作，需要付出巨大努力，我想陈巍选手走的就是这么一条苦路吧。所以我也要尽可能用最短的路径，通过练习来达到这个目标。"

虽然结果不尽如人意，但这次大赛激起了羽生更强烈的斗志和进取心。

时隔 4 年，羽生重返全日本锦标赛，比赛就安排在大奖赛总决赛后一周半。男单短节目定在 12 月 20 日。羽生没有参加 18 日的公开练习，而是在当天傍晚返回日本国内。19 日白天他参加了公开练习，但是从他的身体状态来看，显然累积了大量疲劳。

不过到了短节目，他还是展示了完美的表现。他将一直困扰着"总是难以融入音乐"的后外点冰四周跳加后外点冰三周跳作为第二组动作放入全新的节目构成中，获得了 110.72 分，领先排名第二的宇野昌磨 5.01 分，取得了开门红。

"说实话，总决赛后我没有做好调整。你们从第一次公开练习的情况就能看出来吧，其实我都惊讶自己恢复到这种程度了。因为几乎跳不出后外结环四周跳，所以自由滑还是很不安的，但还是得一步一个脚印往前走。哪怕一点一滴，我也尽量兼顾了训练和休息。"

羽生一边苦笑着解释自己的状况，一边坦言总决赛后的心情："倒不是对滑冰没感觉了，就是心情确实有点郁闷。"

"总决赛自由滑吧，我觉得'在某种程度上算做得不错了'，但身心的消耗都远超我的预期。那套动作构成到底是没完全滑出来，但消耗也很大，总觉得'怎么比赛又要开始了'。其实在日本训练时，或者看自己在总决赛上收到的加油留言时，我就意识到'滑冰不是我一个人的事'。大家给了我力量，我才能一直坚持到现在。"

谈到自己的表现，他说：

"总之，一步一个脚印往前走吧。Otonal 这个节目本身，我是带着回顾过去、迈向未来的意象来做的。在这样的意象中，感觉自己成了一个统一的整体。"

他还解释了改变节目构成的原因。

"与其说对后外点冰跳没信心，不如说在这首曲子里用它没底。实话实说，相比之下，我一直觉得自由滑后半段的后外点冰跳更简单。就算基础分会低 0.57 分，但通过提高 GOE 来弥补，节目整体会更出彩，所以我就改了。"

在疲劳不断积累的状态下参加比赛的羽生，即使在 6 分钟练习中也格外注重节省体力。

由于改变构成是为了"在注重完成度基础上获得 GOE 加分"，所以这次比赛"我心里从没想过会失误"。第一个后内结环四周跳得到 4.30 分的 GOE 加分，后面的后外点冰四周跳加后外点冰三周跳的组合拿到 4.34 分。"我自己觉得失误了"的三周半跳因为落冰时脚有点晃，只得到 2.63 分的加分，不过后面的旋转和步法全拿到 4 级并得到加分。

"在这首曲子里，我之前一直用阿克塞尔跳来跳的那个部分，果然还是要用刀跳来表现那种轻盈感。所以这次我想的是怎么更轻巧地跳后外点冰跳。我不想要 Origin 后半段那种有力的后外点冰跳，而是注意点冰的方式跳出更轻快流畅的后外点冰跳。从这个角度来讲，我觉得这是个挑战。

"从索契冬奥会开始，我就深刻认识到，只有将短节目演绎到极致，才算是真本事。但最近一段时间以来，我总觉得自己连短节目后半段都发挥得不够理想，所以这场比赛我就想着一定要找回那种完美的感觉。"

即便高难度跳跃，也不能只顾着跳，而是要把跳跃融入表现之中，完成整套节目。这个节目展现了羽生对此的追求。

然而两天后的自由滑，积累的疲劳一下子全爆发了。

6 分钟练习时，他各跳了两次后外结环四周跳和后内结环四周跳，只有后外点冰四周跳跳空成两周，控制了跳跃的个数。

"其实一直到 6 分钟练习结束感觉都还行，状态也不算特别差。就是莫名觉得自己的精神状态、身体状态和意象完全不在一个频道上。我是下定决心来比赛的，但最后成了这样，除了懊恼也不知该说什么了。"

自由滑一开场的后外结环四周跳，羽生就因落冰步法滑出被扣 1.80 分。紧接着的后内结环四周跳倒是稳稳落冰，跳接联合旋转和步法一度让人觉得他找回了状态。但之后的勾手三周跳，他却意外失误，跳空成两周跳。

"勾手跳失败的时候我都惊了，心里想着'怎么回事'。就是自己的感觉和身体完全不在一个频道上……后来我就开始想，能不能在哪儿再补个三周跳，或者哪里再多挣点分。能调整的余地不多，但我还是想努努力，坚持到底。可惜的是，想要做的事最后也没能做到。"

接下来的后外点冰四周跳落冰不稳，被扣 2.44 分。以后外点冰四周跳起跳的三个跳组成的联跳中，最后一个后内点冰三周跳落冰时失去平衡。三周半跳加后外点冰三周跳的落冰同样不稳，最后一个三周半跳由于跌倒没能完成联跳。作为得分点的最后三跳全被判定周数不足，自由滑得分只排第三，总分 282.77 分。时隔 4 年的第五冠梦碎，最终以 7.80 分之差输给宇野昌磨，排名第二。

"我觉得自己真的太弱了，弱爆了……如果连后外结环跳和后外点冰跳都跳不好的话，那根本没法继续下去了，三周半跳也跳不出来，真的无话可说了。我只有满心懊恼。但做不到的事也没办法，看来得回去加练了。"

羽生开门见山地说完这番话，随即谈到了自己的身体状况。

"我这状态一直调不过来，感觉自己的身体每天都在衰退。从短节目开始就一直感觉不对劲。当然我还是很幸运的，一直有很多人支持我，是他们让我的身体达到了当下的最佳状态。所以这个结果说白了，还是能力和技术不行。但我真的已经竭尽全力了。"

从 NHK 杯到全日本锦标赛这一个月，羽生从加拿大到日本，再从日本到加拿大，然后到意大利，接着从意大利到加拿大，最后又从加拿大回到日本，飞行距离都够绕地球几圈了。这样密集的比赛节奏，加之频繁的跨时区移动，让他身心俱疲。据说，人体通常需要两周时间才能完全调好时差。羽生苦笑道：

"我现在仍觉得自己的感觉与行动有些脱节。老实说，我没法说清楚自己的言行到底怎么了。这次感觉意识和身体完全分离了。要是体力够……比如短节目，可能还能糊弄过去，但那时我已经到了心有余而力不足的地步了。不过说实话，游泳选手一场比赛能参加好几个项目。虽然性质不太一样，但我这5周才比了3场，体力这么差，看来还得练练。我现在意识到自己跳跃太用蛮力了，以后得学会放松，跳出更符合自己风格的跳跃。但当时我可没放弃，实际上我是全力以赴的。否则，也不会尝试那个包含后内点冰三周跳的三个跳组成的联跳。"

在羽生缺席的全日本锦标赛上夺得冠军，并在本次比赛上实现四连冠的宇野昌磨，在赛季初还因教练空缺而苦不堪言。上一站总决赛经历过类似困境的羽生，也对宇野的胜利给予了高度评价。

"看到昌磨那么辛苦，我一直都感同身受，所以当他终于能静下来专注滑冰的时候，真的为他高兴。我觉得下定决心和教练分开需要巨大的勇气，所以发自内心地为他感到开心，因为他重新找到了自己的路，滑出了自己的风格。虽然过去三年我缺席了全日本锦标赛，但这次这个结果可以让昌磨骄傲地说自己是全日本冠军了。他之前说平昌冬奥会银牌已经超出预期，但我觉得那是他实力的体现。我也经历过很多艰难时刻，但我想说'这算什么，我还能更强'。所以接下来我会继续努力的。"

这三站比赛的不甘心又一次点燃了羽生的斗志。

公开练习中尝试四周半跳

都灵大奖赛总决赛

2019 年

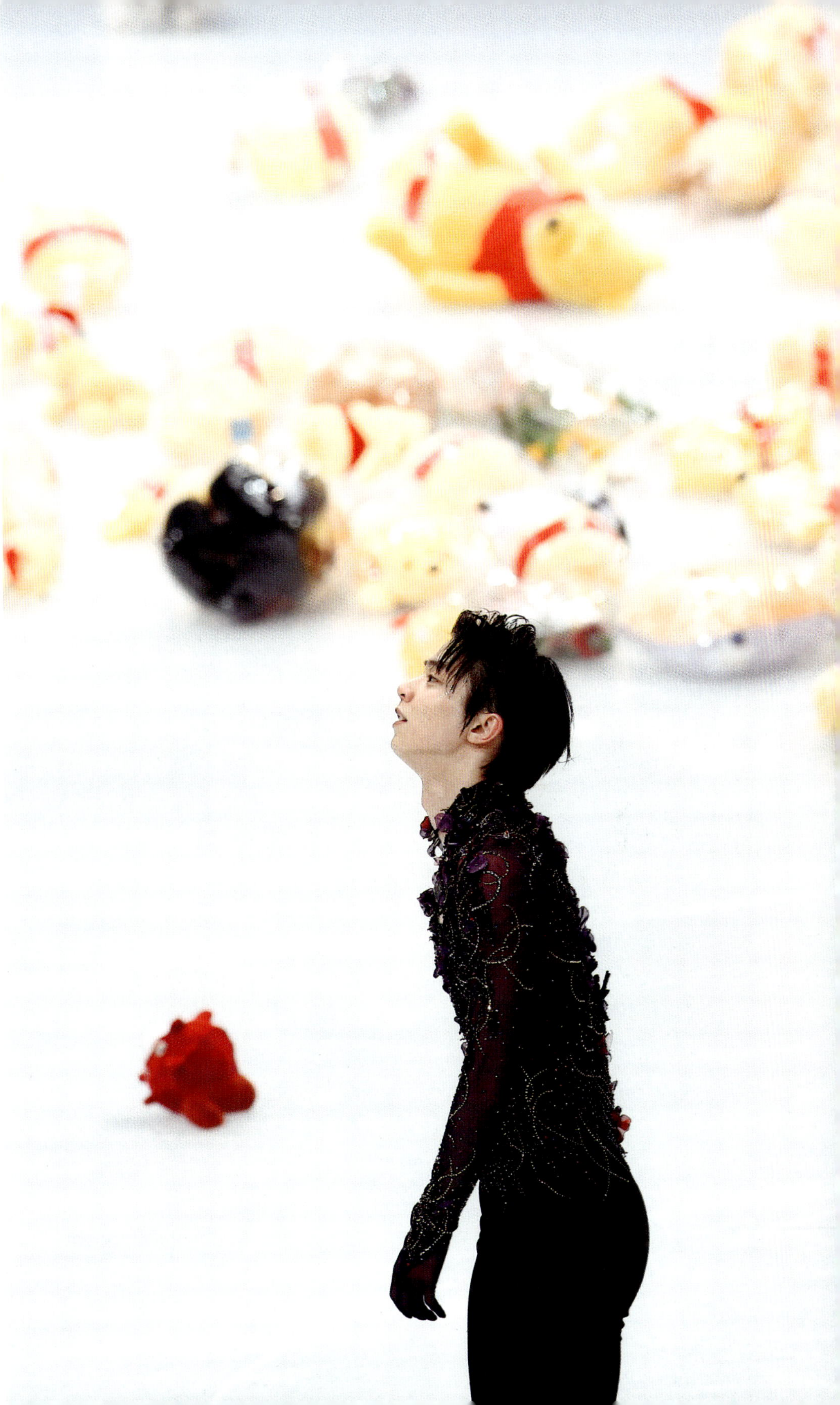

2019 年 12 月

在都灵迎来 25 岁生日

大奖赛总决赛

表演滑 *Notte Stellata*

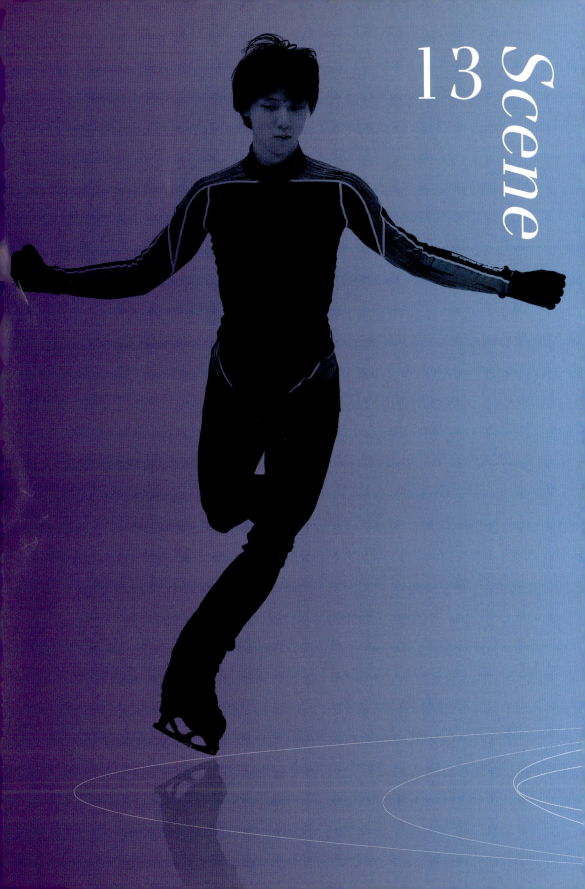

实现超级大满贯

2020 年
四大洲锦标赛

新年伊始，2020 年 2 月的四大洲锦标赛即将到来。全日本锦标赛后的记者
见面会上，羽生的话语中充满了斗志：

> "我非常渴望夺取这个比赛的冠军头衔。参赛可以让我积累更多经
> 验，学到新的东西，变得更强大。这场比赛对我来说是一堵墙，
> 可能会遇到陈巍选手这样的对手，刚刚在全日本锦标赛战胜过我
> 的宇野昌磨也是一堵'高墙'。我希望能以最佳状态全力迎战。"

对从青少年时期开始就持续赢得各种头衔的羽生而言，这也是一场意义非
凡的比赛。若能在此夺冠，他将包揽青少年组和成年组六大主要赛事冠
军，成为花样滑冰男单史上首位实现超级大满贯的选手。

面对这场重要赛事，羽生结弦做出了不同寻常的选择。他换掉了一直用到
12 月的全日本锦标赛的短节目 *Otonal* 和自由滑 *Origin*，改用此前在 2015
年大奖赛系列赛中连续创下世界纪录、2018 年平昌冬奥会上斩获男单史上
第四位奥运两连冠的节目《第一叙事曲》和 *SEIMEI*。

5 日公开练习中，羽生结弦的滑行干净利落，动作充满活力，合乐时一气呵成，毫无失误。他笑着说：

"自从平昌冬奥会以来，这还是我第一次在大家面前完整地演绎《第一叙事曲》，既感觉紧张，又重新唤醒了我对滑这个节目的感觉。"

接着，他解释了换节目的缘由。

"经历过大奖赛总决赛、全日本锦标赛之后……提高难度本身对我来说就是一种享受，完成目标时的喜悦更是难以言表。但我意识到，自己所追求的滑冰，不应该只是完成高难度动作。不管是滑 Origin 还是 Otonal，我都觉得那不是真正的我……

"从技术层面来说，动作难度越大，就越容易忽视滑行本身，为了专注于跳跃，就不得不把音乐先抛到脑后，我很不喜欢这样。这种无法忍受的感觉，是我决定换节目的主要原因。

"关于音乐的选择，那首曲子是在冬奥会结束后才定下来的。那时的我感觉心里空落落的，就好像还是那个追随约翰尼·威尔和普鲁申科背影的少年。全日本锦标赛的 Otonal 发挥确实不错，加拿大站的 Origin 也滑得很好，但总觉得那都不是我想要的完美演绎。

"或许是我把理想定得太高了……那个理想可能不是我自己的，而是普鲁申科或者约翰尼的身影。所以，后来我在想，这真的是属于我的滑冰吗？全日本锦标赛后在 Medalist on Ice 上重滑 SEIMEI 时，我再次有了这种感觉。滑行时，虽然并非翻唱曲与原创曲的差别，但我心里真切地感受到了不同。

"《第一叙事曲》和 SEIMEI 这两个节目已经成为能够传颂的传奇，如果可以的话，我想让它们就此封存……但在 Medalist on Ice 上，或许是因为心有不甘吧，我反而感到了前所未有的自在。那一刻我就想，再借助一下这两个节目的力量，也未尝不可。"

"想要跳四周半跳"的心情自平昌冬奥会后就一直没变。这一个月来，羽生在不断练习，跳跃姿态日渐精进。不过，这个赛季让他感觉痛苦和迷茫的事越来越多。"在这个过程中，我想的更多的是要继续滑冰。倒不是因为想变强或者想赢，而是想要滑自己的节目。"他坦率地说出了此刻的心境。

2月7日的四大洲锦标赛短节目上，时隔两年再次演绎的《第一叙事曲》，虽然和平昌冬奥会时的氛围有所不同，但依旧是一场精彩绝伦的演出。

第一个后内结环四周跳在当天白天的公开合乐练习时摔倒了，赛前6分钟练习时也失败了，但正式比赛时干净利落地稳稳落冰了。

"大概到了正式比赛，身体自然就记起了音乐和跳跃的感觉吧。总之，对我来说，全心全意地相信节目和音乐，然后勇敢地跳出每一个动作，这就是最重要的。"

"正因为这是多年的老搭档，我相信自己的身体已经记住了它"，让他如此说道的就是平昌冬奥会的短节目。但这一次，他对节目本身也有着十足的信心。

"这次和平昌冬奥会的感觉有些不同。在平昌的时候，我可能更在意拿高分吧。因为节目后半段有四周跳加三周跳，所以我会稍微放慢旋转速度，控制一下自己不要转得头晕眼花。但这次的节目后半段只有三周半跳，所以我完全可以尽情地去滑。这种感觉是冰演时体会不到的。能在真正的比赛中如此完整地呈现自己的节目，真的很幸福。"

对于没有把联跳放在基础分1.1倍的后半段，羽生是这样解释的：

"这次短节目前半段放了两个四周跳，是因为我觉得这样的编排能最大限度地表现自己，而且在GOE分值幅度加大的新规则下，这样也许能更稳定地拿到高分。但说实话，我并不是很在意分数。

　　我最看重的，是想通过这套节目传递什么，以及如何去感受这首曲子，这才是我选择这种编排的主要原因。"

这份情感仿佛从他的每一个动作中流露出来。

在柔美的旋律中，首个后内结环四周跳获得了 4.43 分的加分，随着音乐变得激昂，他有力地跳出了后外点冰四周跳加后外点冰三周跳，得到了 4.21 分的加分。而在安静的乐声中轻盈跃起的三周半跳，也有 3.77 分的加分。9 位裁判给出的 GOE 几乎清一色的都是 5 分和 4 分。换足蹲踞旋转时，他通过频繁改变手的动作细节，也充分展现了自己的表现力。

　　"好久没有这么酣畅淋漓地滑过了。说实话，这可能是我迄今演绎的《第一叙事曲》中最好的一次。"

正如他所说，羽生这次比以往任何时候都更敏锐地捕捉着钢琴的轻柔音符，用跳跃和滑行动作直接呈现出了旋律。而在乐曲激昂处，他又完美地将自己的情感注入其中，呈现出了令人叹服的滑行。在新规则下，羽生结弦以 111.82 分刷新世界纪录，大幅领先第二名 15.99 分。

　　"正是因为演绎过 Otonal，我才能展现出更有层次和深度的表现力，最重要的是在完全投入音乐的同时，还能完成高质量的跳跃，这大概就是这套节目的独特之处吧。说实话，这个赛季我在后内结环四周跳、后外点冰四周跳、三周半跳上都尝试了不同以往的起跳方式。虽然还是有些地方做得不够好，但这次终于在正式比赛中跳出了真正属于自己的跳跃。"

在这次的表演里，羽生久违地感到可以毫无杂念地去滑冰。最近，他总是会想着"要以何种姿态起跳"，但这一次从头到尾，他完完全全随着内心的感受在滑，有一种非常强烈的"让滑冰鞋去它想去的方向"的感觉。

"我觉得最棒的地方在于，跳跃、旋转、步法这些，我脑海里完全没有'转几周''这里要特别注意'之类的念头。整套节目滑下来，内心毫无杂音，从第一个音符响起直到最后一个音符消失，再到我放下双臂的瞬间，情绪流淌得天衣无缝，这种感觉最让我感到愉悦。"

重新滑完这套《第一叙事曲》，羽生表示"总算感觉完完全全找回了真正的自己"。他这样形容那种感觉，"尽管已经演绎过这个节目无数次了，但在我看来，它就像葡萄酒或奶酪一样，历久弥香"。

"可能之前没有这种形式的花样滑冰，但在我看来，这套节目越是反复演绎、投入时间，就越发臻于成熟，能展现出更丰富的层次。或许这就是我的个人特色，让我能够发自内心地随着音乐跳跃做步法的最重要的理由吧。"

从经验中获得对音乐的感受和节奏的掌握，以及对表现方式的思考。这套节目给羽生和观众都留下了极为深刻的印象。而亲身实践过后，他才真切感受到它的"与众不同"。因此，他对自由滑 SEIMEI 充满期待，相信它也一定能带来与以往大不相同的期待。

9 日的自由滑里，羽生选择了可行性而非经验优势，在最开始就安排了勾手四周跳。

"虽然跳勾手跳和后外结环跳的年数不一样，二者经验差距巨大，我知道还需要不断填补这方面的空白，但我相信只要身体能动，这些跳跃还是能够完成的。"

基础分 1.1 倍的最后三跳，他没有选择惯常的以后外点冰四周跳起跳的三个跳组成的联跳，以及两个以三周半跳起跳的联跳，而是改成了两个以后外点冰四周跳起跳的联跳和一个以三周半跳起跳的联跳。

但是，表演正式开始前发生了一点小插曲。上冰时羽生发现靠近挡板的冰面上有个洞，就给裁判示意了一下。

"一进入冰场，我就看到冰面下的混凝土露出来了，犹豫了一下要怎么办，最后还是决定去跟裁判说一声。其实我不应该犹豫，直接找裁判报告就好了。这件事让我在表演开始时有点心神不宁，这一点比较遗憾。如果我能完全专注于勾手跳的话，或许会有不同的结果吧。"

就是在这种状态下，羽生尝试的第一个勾手四周跳，落冰时深蹲且手触冰，被扣了 3.78 分。尽管如此，紧随其后的后内结环四周跳和三周半跳都完美落冰，看似已然扳回一城。然而在步法结束进入节目后半段时，他的状态又崩掉了。

"一开始的插曲倒也是一次很好的经历。即使在受到这么大干扰的情况下，勾手四周跳还是能跳到那种水平，我觉得这是一种收获。至于后半段，我意识到'必须在那里重新集中注意力'，但脑子里还是想了挺多的。与其说是体力不支，不如说更多是脑子的问题吧。"

这么说的羽生结弦在接下来的后外点冰四周跳时，虽然落冰不稳，但还是勉强接上了一个优勒跳和后内结环三周跳，组成了联跳。可能是因为节奏被打乱了，随后的后外点冰四周跳由于周数不足而摔倒。最后的三周半跳后他本来计划接两周跳，但临时改成了后外点冰三周跳，得分为 187.60 分。虽然以总分 299.42 分的成绩获胜，但与短节目相比，这个结果称不上让人满意。

然而，首次在四大洲锦标赛夺冠、实现超级大满贯的羽生结弦，却苦笑着说道：

"回想起我 16 岁时的那次比赛，发挥得也不错，但只拿到了银牌。

从那以后，我就觉得想赢还真不容易，所以这次能最终拿下冠军，我还是挺开心的。不过这次就先不提自由滑的事了……哈哈。我觉得之所以能实现超级大满贯，短节目表现出色是很大一个原因，总的来说应该算是个'不错的结果'吧。虽然按理来说，世锦赛或奥运会才应该是最后攻克的堡垒，但本赛季我总算是打破了加拿大站上未能夺冠的魔咒。上赛季也打破了大奖赛首站未尝胜绩的诅咒。这些诅咒正一点点被打破，从这个意义上讲，也算是松了口气。"

在这次大赛中，羽生开始亲昵地将自己的节目称为"这些孩子"。他这样称呼到底是怎样想的呢？

"每个节目都有其独特的塑造过程……尤其是从 SEIMEI 开始，我亲自挑选了音乐，还参与剪辑。在编排时，'我想在这里这样做、在那里那样表现'的念头如泉涌般不断涌现。所以从那以后，我对后来的这些'孩子'都有了很深厚的感情，总觉得自己想要表达的东西还有未尽之处。但说到《第一叙事曲》，就连编舞杰佛瑞都说，听这首曲子的时候，脑海中浮现出很多我想要诠释的内容。我'想要表达的'和杰佛瑞'想要我表达的'不谋而合，让我终于能淋漓尽致地去诠释。我觉得《第一叙事曲》浓缩了'羽生结弦想要倾诉的心声'，所以我对它格外有一种亲切感。此外，我觉得这次的演绎里，也融进了一种时隔多年重新演绎才产生的醇厚感。"

在《第一叙事曲》的演绎中，我们充分领略到了羽生结弦技艺臻于成熟的结晶。同样，他也期待能让 SEIMEI 更加醇厚圆润。羽生谈到练习时的感受，相比之前的演绎，现在的情感流露变得更加从容舒缓。

"我觉得以前的 SEIMEI 有种杀伐果决的感觉，仿佛设下结界，与什么对抗并予以反击。但现在那种锋芒似乎收敛了些，多了几分

'看淡一切的超然感'。在某种程度上这让我觉得，自己更接近电影《阴阳师》里的安倍晴明了。当然，能否将这种意境与跳跃完美结合，又是另一回事。在这一点上，我这次的技术还略显不足。"

尽管这次没能呈现完美的 *SEIMEI*，但正是因为他一年半来从未放弃追求 *Otonal* 和 *Origin* 的完美表现，才塑造了现在的《第一叙事曲》和 *SEIMEI*。羽生想要更好地将它们凝练成形的决心也越发坚定了。

"在花滑这项运动中，运动员每年都会编排新节目，一个节目最多用两年。但我在想，这真的是永恒的真理吗？就拿传统艺能来说，特别是 *SEIMEI* 也汲取了其中元素，那些流传百世的作品无不经历反复打磨、不断演绎。这点在芭蕾、歌剧中都能看到。我觉得花滑完全可以朝这个方向发展，只有这样，才能在某些方面达到更加极致的艺术境界。

"但重复表演同一个节目所带来的恐惧感也是非常真实的。因为评判的标准是自己，而且是巅峰状态下的自己。一想到要跟那个状态下的表现相比，心里就不免害怕。但我觉得必须时刻想着如何才能更上一层楼。我觉得这也算是一种方式吧。"

谈到这里时羽生表示，对于一个月后的世锦赛，他希望以一种不断追求、精益求精的态度参赛。

"就自由滑而言，虽然分数还未完全达到预期，但我觉得方向是对的。我也的确想沿着这个方向继续滑下去。如果这种尝试在比赛中得不到认可，那我也只能接受这个现实了。毕竟规则不是我能改变的。如果裁判和观众觉得我的表现不够好，那就说明我的实力还不行。我最大的目标，就是要像这次的《第一叙事曲》一样，呈现一套不会让人觉得逊色的 *SEIMEI*。"

羽生坦言，他对未来的目标也有了明确规划。

> "我最想实现的，就是在自由滑中也有这次的《第一叙事曲》那样的状态，当然，还要加进四周半跳，所以我会朝这个方向努力。但我要跳四周半跳，不只是单纯为了挑战高难度，更多是出于我个人的骄傲。我所追求的不仅是高难度本身，更是要挑战自己的极限，在此基础上，像这次的《第一叙事曲》那样，将跳跃、旋转、步法熔于一炉，打造出天衣无缝、浑然天成的艺术表演。"

羽生表示，虽然在世锦赛前成功跳出四周半跳的可能性不大，但他还是想去尝试。曾几何时，在追求胜利和探索理想的花滑之间，他也陷入过迷惘和痛苦。但通过这次大赛的短节目，他实现了内心的愿景，那些迷惘和痛苦也就一扫而空了。

在2019—2020年赛季，羽生结弦反复试验和探索，不断追求自己理想中的滑冰。比赛结束后，他的话语中时不时流露出内心的波动。2023年的今天，我们再次请他回顾了那个赛季。

——2019—2020年赛季，从加拿大站等比赛中能感受到您内心的波动，那个赛季您都思考了些什么呢？

> "在秋季经典赛的自由滑中，我觉得自己并没有犯什么大错，但分数就是没能突破200分……说实话，从那时起，我就开始对Kiss & Cry区产生了一种恐惧感。在秋季经典赛时，我在想'自己明明在不断进步，为什么没能很好地体现在分数上呢'。尽管如此，我还是安慰自己'这不过是秋季经典赛而已，说不定到了大奖赛这样的大赛就没问题了'。后来在加拿大站，获得了与自我感觉相符的评分，最重要的是，那是我首次在加拿大站夺冠，所以内心充满巨大的喜悦，也感到无比充实。

"实际上，在 2019—2020 年赛季，包括大奖赛总决赛在内，我思考了很多。对我来说，总决赛和全日本锦标赛都挺痛苦的。我一边承受着巨大的痛苦，一边又确信自己正在变得更强，技术上也能完成更高难度的动作。那是一个我边感受着'要向前进，要变得更强'的信念，边战斗的赛季。但全日本锦标赛后的 Medalists on Ice 上，当我滑 SEIMEI 时，我开始怀疑是不是真的有必要那么执着于跳跃。无论是在表演内容上，还是跳跃、旋转和步法的融合度上，我都觉得'这才是最像我风格的滑冰'。从那时起，我开始思考什么是自己滑冰的优点，什么是自己想追求的滑冰，并带着这些思考滑冰。"

——在那个充满挑战的总决赛中，短节目被陈巍选手拉开巨大差距后，您在公开练习时尝试了四周半跳，自由滑中也挑战了五个四周跳的极限构成，您从中获得了什么？

"在那之前的 2019 年世锦赛输了之后，我感到非常遗憾，斗志空前高涨。平昌冬奥会前，虽然有哈维尔这个强大的对手，但我始终觉得只要自己滑出完美的节目就能获胜，我的滑冰信念也从未动摇过。我一直专注于提升自己，展现我心目中完美的表演。但 2019 年世锦赛后，我好像总是在和别人的比较中滑冰，或是带着对做不到的动作的愤怒去滑冰。

"特别是在大奖赛总决赛时，短节目前，原定随行的吉斯兰教练出了突发情况，我们讨论应对方案的过程也消耗了不少精力。我下定决心独自应战，现在回想起来，当时承受着巨大的压力，直到最后一刻也没能很好地发挥，被陈巍选手拉开了很大差距。但正是这段经历，让我得以解除心中的束缚。比如，在四周半跳的尝试中，我意识到在众人面前跳跃的意义……都灵，这个曾经的奥运会举办地，对我而言有着非同寻常的意义。面对分数的差距，在某种程度上，我已经接受了'啊，这回是赢不了了'的现实。所以上场前，我就想着'哪怕赢不了，也要在这里留下四周半跳的印记，留下属于自己的痕迹！'，然后就全力以赴地跳了。

"因此，如果问我这场比赛的收获，坦白说，尽管那是一场似乎只有失去的比赛，但我并不认为毫无意义。在赛场上，我几乎是以一种'即使受伤也无所谓，即使摔倒也在所不惜'的决心去挑战四周半跳的。正是因为那种不计后果的拼搏，我才扫清了在观众面前完成四周半跳的心理障碍。现在回想起来，或许这对我日后在比赛中成功跳出四周半跳，有着某种特殊意义。

"还有，现在想起来，我脑海中唯一浮现的画面是，比赛后半段成功完成的三个四周跳以及包括勾手四周跳和后外结环四周跳在内的构成，这让我感到巨大的成就感。虽然最后没能获胜，但我也不会去回看那场比赛。不过，当时从观众那里收到的欢呼声和支持，在我心里留下了深刻而强烈的印象。当时我满脑子都是'一定要赢！'的念头，但内心深处却好像已经放弃了。所以，那时得到的加油和鼓励，对我而言，比名次和分数都更宝贵。只是就我自己的滑冰来说，选择勾手四周跳和后半段的三个四周跳构成，是我放弃了所有的自信和骄傲才做出的决定，我失去的东西要远比得到的多得多。"

——我以为正是那次总决赛的挑战，您才会想要滑出属于自己的花滑，才决定把节目换回《第一叙事曲》和 SEIMEI，是这样吗？

"其实，与其说是总决赛，全日本锦标赛对我的影响更大。当然，总决赛的自由滑我的确拼尽全力，心里想着'原来分数就这样啊。嗯，这就是现在的评分标准啊'，也在反思'看来我还是没发挥到最好'。各种念头交织在一起。特别是勾手四周跳，我的感觉非常好，所以'原来我跳成这样也就这个分数吗'的想法让我对自己很失望，甚至有了放弃的冲动。但在全日本锦标赛上，我真的很不想输。事实上我也竭尽全力调整了状态，在许多人的支持下才有了那样的表现。可以说，总决赛里几乎失去的东西，到了全日本锦标赛彻底失去了（笑）。所以说，之所以改回《第一叙事曲》和 SEIMEI，不如说是因为输掉全日本锦标赛的打击更大。

"那时候，我几乎对自己的滑冰失去了所有信心。即便是自己完成了跳跃，和 GOE±3 的时候相比，如今能拿满分的跳跃明显少了。就算跳跃的感觉和以前一样好甚至更好，也很难拿到最高分。这种'明明进步了啊'的感受和实际得分的反差，渐渐动摇了我的自信。所以我就想，如果现在再滑那些曾让我 GOE 接近满分、节目内容分也很高的节目，分数会有多大变化呢？假如我现在重滑《第一叙事曲》，理应比 2015 年滑得更好才对。如果用一样的跳跃构成，在不断练习、教练和大家都说'进步很大'的情况下，比 2015 年总决赛能拿更高分，还是更低分？会比平昌冬奥会时更高，还是更低？我很想验证一下。我坚信，自己的水平绝对比过去，尤其是比 2015—2016 年赛季强太多了。虽然当时没说，但老实讲，我是希望通过改回那些节目，重拾自己滑冰的信心。"

——关于 2020 年四大洲锦标赛的《第一叙事曲》，我觉得比以往任何一次都精彩，仿佛倾注了羽生结弦的一切。我原以为，正是因为完成了那样的演出，那个赛季的迷茫和躁动的心才彻底平息了。

"关于那次演出，与其说是我自己，不如说那一次的《第一叙事曲》发挥得最完美。但即便应该是最棒的一次，2015 年总决赛的得分还是远超于它。当然，打分方式改变了，不能简单地比较。但节目内容分的评分标准应该是没变的，即便这样，之前的分数反而更高。

"反过来说，之所以那个时候我能摆脱迷茫，是因为意识到，'不管滑冰技术多么精进，表现力提升到什么地步，和音乐契合得再完美，估计这辈子也看不到评分有根本性的改变了'。从某种意义上说，《第一叙事曲》已经被我演绎到了极致。那一刻，我想，'那就专注跳跃吧。潜心钻研跳跃不是更好吗？'（笑）。

"另外，之所以没能完全点燃靠跳跃取胜的斗志，是因为大奖赛总决赛时我也拼命去跳，勾手跳和后外结环跳都跳得非常漂亮，可GOE 却没拿满分……还有四大洲锦标赛上的《第一叙事曲》，和平昌冬奥会时相比，我几乎完美地完成了所有跳跃，所有跳跃全部编入步法，与音乐完美契合，丝毫没有破坏想要营造的意境。以我的标准看，可以说是近乎完美的跳跃，但最后 GOE 也没能拿满分。想到旋转的评分甚至还出现了 3 分和 2 分，我对很多事情的疑虑都烟消云散了。那种感觉就像是'原来如此'……'这就是这项运动啊'。老实说，我确实产生了一种近似放弃的情绪，觉得'原来他们也只能给出这样的评价'。

"因此，那时我意识到，我能做的就只有提高基础分了。同时，在编排新节目时，我可以选择更能表达真实自我的节目。像 SEIMEI 和《第一叙事曲》那样，选择能让自己舒服地滑、能充分表达自我的节目，而不是像 Origin 或 Otonal 那样，为了献给谁而去滑。我觉得这才是竞技花滑选手应该追求的。那时候，我的表情看起来是真的很轻松，但那种放松背后，也掺杂了几分近乎放弃的无奈。"

——正是怀着这样的想法，您才真正明确了挑战四周半跳的意义，以及作为运动员想要取得的成就，对吗？

"是的。作为竞技选手该做的就是提高基础分。在此基础上，努力提高勾手四周跳的成功率……但考虑到体力的极限，一直持续跳四周跳是不现实的。我个人认为，跳完勾手四周跳再去跳四周半跳，几乎是不可能的。所以我想，与其跳勾手四周跳，倒不如专注跳好四周半跳，靠基础分取胜。说实话，即便这样，我心里还是一直觉得'可能还是赢不了'，但无论如何，四周半跳我是一定要跳的。我想这已经成为我作为竞技选手的夙愿。"

原定 3 月 18 日于加拿大蒙特利尔举行的世界锦标赛上，国际滑联新设的 ISU 滑冰大奖也应该同期颁发〔后来在 7 月举办的线上颁奖仪式上，羽生获得了首届 MVS（Most Valuable Skater：最有价值选手）〕。但就在开赛前夕，由于新冠病毒感染扩散，比赛被迫取消了。

当时正在训练基地多伦多的羽生得知这个消息，冷静地接受了这一现实。

"听说比赛取消的瞬间，我震惊得眼泪都流出来了。那时候我本就觉得自己对世锦赛的准备还不够充分，总有一种半途而废、悬而未决的感觉。所以当比赛真的没了时，我心想'啊，没了……'，眼泪就止不住地流。倒不是因为特别悲伤或痛苦，就像紧绷的神经'嘣'地断掉了，一种难以言喻的奇妙感受。

"但这并没有打击我的斗志，反而让我想到'反正是休赛季了，可以好好练习滑行和四周半跳了'。"

没过多久，训练基地多伦多蟋蟀俱乐部就发邮件通知，从第二天起场馆就要关闭了，同时还传出"说不定机场也要关"的消息，羽生于是决定返回日本。

就这样，羽生结弦独自踏上了和四周半跳对峙的征程——

2020 年
四大洲锦标赛更改了节目
短节目选择了《第一叙事曲》

2020 年

四大洲锦标赛

以 111.82 分刷新了短节目世界最高得分

2020 年

四大洲锦标赛

自由滑节目变更为 *SEIMEI*

2020 年

四大洲锦标赛夺冠
实现了超级大满贯

2020 年

四大洲锦标赛表演滑

原定次年在悉尼举办的四大洲锦标赛，

在之后被取消了

羽生结弦
（Yuzuru Hanyu）

4 岁开始学习滑冰。2004 年获全日本初级花样滑冰锦标赛 B 组冠军。2007 年获全日本初级花样滑冰锦标赛 A 组冠军。2008 年获全日本青少年花样滑冰锦标赛冠军。2009—2010 年赛季，连续斩获 2009 年全日本青少年花样滑冰锦标赛、2009 年花样滑冰大奖赛总决赛青少年组和 2010 年世界青少年花样滑冰锦标赛冠军。

2010—2011 年赛季升入成年组，2011 年获四大洲锦标赛亚军。2011 年 3 月 11 日，在仙台训练时遭遇东日本大地震。2012 年世锦赛，成为日本男单史上最年轻的铜牌得主。

2012—2013 年赛季将训练基地转移至加拿大多伦多。2012 年首次获全日本锦标赛冠军。2013 年首夺大奖赛总决赛冠军。2014 年索契冬奥会获得日本男单历史上首枚奥运金牌。2014 年首次获世锦赛冠军。2013—2016 年大奖赛总决赛四连冠。2012—2015 年全日本锦标赛四连冠。

2016 年秋季经典赛上，成为史上首位成功完成后外结环四周跳的选手。2017 年再次夺得世锦赛冠军。2018 年平昌冬奥会卫冕成功，实现男单 66 年首次奥运两连冠。此后，在伤病困扰下继续拼搏，2020 年首登四大洲锦标赛冠军领奖台，成为男子花样滑冰历史上首位赢得六场主要国际赛事的超级大满贯选手。